奶业振兴

中国奶业发展启示

程广燕　彭华　陈兵—著
王加启—顾问

中国出版集团
研究出版社

图书在版编目（CIP）数据

奶业振兴：中国奶业发展启示 / 程广燕，彭华，陈兵著. —北京：研究出版社，2021.12

（农业农村产业振兴发展研究）

ISBN 978-7-5199-1114-0

Ⅰ.①奶… Ⅱ.①程… ②彭… ③陈… Ⅲ.①乳品工业—经济发展—研究—中国 Ⅳ.①F426.82

中国版本图书馆 CIP 数据核字（2021）第 247493 号

出 品 人：赵卜慧
出版统筹：张高里　丁　波
责任编辑：寇颖丹
助理编辑：何雨格

奶业振兴
NAIYE ZHENXING
中国奶业发展启示
程广燕　彭　华　陈　兵　著
研究出版社 出版发行
（100006　北京市东城区灯市口大街 100 号华腾商务楼）
北京中科印刷有限公司　新华书店经销
2021 年 12 月第 1 版　2021 年 12 月第 1 次印刷
开本：710 毫米 ×1000 毫米　1/16　印张：8.5
字数：95 千字
ISBN 978-7-5199-1114-0　定价：49.00 元
电话（010）64217619　64217612（发行部）

《奶业振兴：中国奶业发展启示》
编写工作组

顾　问：王加启

成　员：程广燕　陈　兵　彭　华　肖湘怡　杨祯妮
　　　　唐振闯　任广旭　徐伟平　张养东　张　超
　　　　王兴文　王晶晶　马广旭　夏佳钰　吕鹏飞

前言

牛奶是大自然赐予人类最接近完美的食物，有“白色血液”的美誉。奶业发展一直受到党中央、国务院高度重视。2018年，《国务院办公厅关于推进奶业振兴保障乳品质量安全的意见》提出推进奶业振兴，保障乳品质量安全，提振广大群众对国产乳制品信心，进一步提升奶业竞争力。近几年，国务院办公厅、农业农村部等国家和部委层面围绕奶业振兴先后出台一系列指导意见和行动方案，确立了70%自给率保障目标。

自2008年“三聚氰胺”食品安全事件之后，我国加大了对乳品质量的监管力度，奶及奶制品质量安全水平不断提升，2020年全国生鲜乳抽检合格率99.9%，乳制品抽检合格率在99.7%以上，高于全国食品安全平均水平，但目前仍有消费者不敢或不愿意食用国产乳制品。奶业优质化发展程度不高，仍面临政策保障偏弱、科技支撑不足、标准不健全、优质示范规模小等问题。此外，奶业竞争力不足，2020年我国奶业自给率下降到65.6%，与国家安全保障目标仍有较大差距。要想确保国家奶业安全、切实发挥牛奶对国民健康的支撑作用，必须加快建设以健康和竞争力为导向的奶业生产加工格局，推动奶业发展由数量导向向营养健康导向转变，提高奶业在国际市场的竞争力和话语权。

目前，我国人均奶类消费量约38.3公斤，仅相当于营养推荐量的1/3，还不到亚洲平均水平的1/2。未来10～15年是我国城乡居民奶类消费的黄金增长期，也是中国奶业实现全面振兴的关键阶段。从中华人民共和国成立以来奶业70余年发展历程总结经验、从发达国家奶业发展经验寻求启示，探究中国奶业高质量发展的路径，对推动实现奶业全面振兴、助力国民营养健康具有重要意义。

编者按

2021年11月23日

目录

第一章

1949—2007年多产奶时期

自中华人民共和国成立到2007年，我国奶业走过了将近60年不平凡的发展道路，这一阶段奶业发展的主线就是多产奶。我们从解放初的几乎一片空白发展到2006年的牛奶产量世界第三，成就巨大，尤其是奶类产量分别在2001年、2004年和2006年突破1000万吨、2000万吨和3000万吨大关，十年高速增长使中国跻身世界奶业大国行列。

一、奶类生产及消费

中华人民共和国成立以来，特别是改革开放以来，在经济社会快速发展、人民生活水平不断提高、乳品消费需求激增的拉动下，中国奶业发展主要是解决奶类数量短缺、凭票供应的难题。一是奶牛存栏量由1949年的12万头发展到2007年的1213万头，增长了100倍，年复合增长率为8.3%；二是奶类产量由1949年的21.7万吨增长到2007年的3055万吨，增长了140倍，年复合增长率为8.9%；三是乳品消费量持续增长，成为畜产品消费量中增长最快的产品。

从1949年到2007年，根据我国奶业发展的模式和特点，可以进一步划分为三个阶段，分别是中华人民共和国成立后30年的徘徊期、改革开放到20世纪末的奶业形成期，以及21世纪奶业产量高速增长期。

（一）中华人民共和国成立后30年的徘徊期

发展历程 中华人民共和国成立时，奶业几乎是一片空白，全国仅有奶牛12万头，奶类产量仅为22万吨，年人均奶类消费量不足0.4公斤。而且一直到改革开放前都处于缓慢发展阶段，前后历时近30年，奶牛存栏量仅增长到48万头，奶类产量仅增加到97万吨，年人均奶类消费量仅达到1公斤。虽然从增长率上看发展速度不慢，但绝对量太小，人均奶类占有量经过近30年的发展也仅仅增加了0.6公斤。因此，总的来说，改革开放前的近30年，我国奶业仍处于长期徘徊、缓慢发展阶段。

从中华人民共和国成立到1952年底是国民经济的恢复时期。国家采取了一系列方针、政策和措施，恢复被战争严重破坏的国民经济。面对长期战乱后百废待兴的局面，中华人民共和国成立初期的奶牛饲养和乳品供应除延续中华人民共和国成立前的私营（个体）体系外，还沿用了延安时期由政府机关和部队医院自行管理奶牛场的办法，并将之推行到全国各地。

此时虽然各地出现了少数的国营奶牛场和牛奶公司，但是总体上还是以个体经营的小型奶牛场为主。在这种情况下，政府主管部门需要重点抓好两件事，一是加快良种奶牛的选育和扩繁，二是抓好奶牛的疫病防治。概括起来就是：多养牛，养好牛。当时的指导方针就是最大限度地扩大奶牛养殖，提高牛奶产量，改善市场乳品紧缺的状况。

在1953—1957年第一个五年计划期间，中国推行一系列经济制度方面的社会主义改造，对中国奶业的发展产生了深远影响。当时中国奶业的状况非常复杂（比如奶牛场布局情况复杂、从事奶牛养殖的农户情况复杂，以及奶业企业经营情况复杂等），国家对奶业实现全行业的社会主义改造，按“一五计划”中奶业的发展计划积极推进。在农业合作化运动和对资本主义工商业进行社会主义改造运动中，基本上消灭了奶业的私营和个体养殖方式。改造的形式包括四种类型：公私合营、合私合营、奶牛生产合作社、农业合作社奶牛养殖户（队）。在实行合作化以后，奶业获得了长足发展。

在对奶业进行社会主义改造的同时，国家大力发展社会主义国营奶业经济，确立国营奶业的领导地位。中国人民政治协商会议第一届全体会议通过的《中国人民政治协商会议共同纲领》明确指出，“凡属有关国家经济命脉和足以操纵国民生计的事业，均应由国家统一经营”。中国的国营奶业正是在这样的时代背景下产生和发展起来的。国营奶业企业主要有四个方面的来源：一是革命根据地的奶牛场转为国营奶牛场；二是接管国民政府留下的公有奶业企业；三是通过公私合营将私营奶业企业转为国营企业；四是中华人民共和国投资兴建的奶业企业。中华人民共和国成立初期的私营（个体）奶业企业，经过合作化、公私合营等途径逐步向国营经济转变，最终形成了计划经济时期的“国营奶业为主、集体奶业为辅”的社会主义奶业经营管理体系。

奶业在三年困难时期（1959—1961年）遭受的损害要比国民经济其他行业轻许多。其原因在于：（1）当时，牛奶及奶制品的消费者以城市中社会上层人员及婴幼儿为主，此外，还与政府的物资特供制度有关。可以说，牛奶是一种具有“特殊性”的食品，这种特殊性赋予它不同于一般食品的社会消费属性。因此，哪怕在国家最困难的时候，也会采取例外措施来保住奶业。（2）经过合作化、公私合营以及国营公有的连续改造和变革，到三年困难时期，中国奶业已经基本实现了国营为主的所有制格局。因此，在困难或者说灾难来临时，国营奶业可以得到某些“政策倾斜”和物资分配方面的庇护，减少了损失。（3）奶牛是草食动物，仅食用牧草甚至普通青草秸秆也可以维持生存，从而度过灾害期。因此，我们看到，三年困难时期，中国奶牛的数量减少并不多，有的地区甚至还有所增加，但是牛奶的产量减少幅度较大。这是因为投喂的以粮食加工而成的精饲料减少了，管理水平降低了，产奶量也就随之减少了。但是，由于奶牛数量变化不大，只要灾后的饲喂条件得到改善，牛奶产量就会较快恢复。

虽然灾害对奶牛的饲养数量冲击不大，但是对牛奶产量的影响是显而易见的。这样的短缺情况严重影响了乳制品的计划供应。于是，各城市的乳品供应部门不得不采取更为严格的计划供应，包括严格供应对象、供应数量以及供应的品种。由于牛奶的特殊性，当供应短缺时，必然会从保护婴幼儿、老弱病残等特定人群开始。自1960年初开始，各地大中城市牛奶供应实行严格的配给制，一律凭票供应。这种政策一直延续到20世纪80年代中期，由此形成了一套完整的供奶办法。

三年困难时期过后，国民经济逐渐得以恢复，为奶业发展创造了较好的社会秩序和经济环境。在此期间，我国奶业增加了饲料基地，积极推进奶牛饲养的科技进步，建立奶业科研育种机构，农垦国营奶牛场得以快速恢复与发展，1958年奶业在完成了社会主义改造之后，国营奶业企业获得长足发展。特别是在全国各大中城市的奶业企业中，国营奶业占据重要的地位。平均而言，全国已经形成了国营为主，集体为辅，基本没有私人奶业的格局。在大跃进的“左”倾时期，中国奶业的国营化进程超乎寻常的提速。到1961年底，中国奶业已经形成国营占90%、集体占10%的格局。

品种结构 中华人民共和国的奶业基础，包括大约12万头奶牛及一些奶山羊，12万头奶牛中，纯种荷斯坦牛仅2万多头，再加上一些杂交改良的奶牛。面对不断增长的需求，人们还想起了老祖宗的做法，用各地大量的孕育期的耕牛来挤奶，这也成为中华人民共和国奶业供给的一个主要来源。

区域布局 中华人民共和国成立初期，纯种荷斯坦牛和杂交改良的奶牛主要分布在沿海和铁路沿线的大、中城市。其余多数是血统复杂的杂种奶牛，主要分布在东北、内蒙古、新疆、青海等地的牧区。当时奶类生产几乎都是分散弱小的私人经济，奶牛养殖、牛奶加工的水平低下，牛群品种混杂，生产条件简陋、管理水平落后。

中央政府成立后，物资用品极为匮乏，因此要求各野战部队、各地建立的党政军机关以及由财政负担的教科文卫机构在物资供应不足时，可以实行“一部分发给经费，一部分供给实物，其中不足的部分由各机关部队学校生产自给”。这个由部队和机关“自牧自食”的奶业政策，改变了中华人民共和国成立初期奶牛饲养的空间布局：解放军的后勤医院设到哪里，哪里就会有奶牛养殖；军政高级机关和指挥部设到哪里，哪里就有牛奶配给。这就是中华人民共和国成立初期的奶牛饲养跟随部队和机关一起走向全国的政策来源。

奶类加工 中华人民共和国成立以前中国乳品工业不但规模小，而且生产能力低下、技术落后。乳制品的生产主要是私人作坊式生产，工艺落后、工具简陋，发展速度极为缓慢。产品只有奶粉、炼乳及少量干酪。奶粉生产基本采取的是平锅法，产品溶解性差，杂质度高，风味不好。中华人民共和国成立时，中国沿海城市的少数乳品厂，如南京卫岗牛奶场、温州百好乳品厂等有少量乳品机械设备，一般小乳品厂多使用简易的土设备。国产乳制品产量很低，1952年全国乳制品产量仅有624吨。

乳制品消费 中华人民共和国成立前夕，西方各国大肆向中国廉价倾销各类乳制品，国产乳制品受到挤压，日渐萧条。中华人民共和国成立后，西方对中国实行经济封锁，乳制品的进出口基本中断，但国内的乳品市场上还有部分中华人民共和国成立前进口的乳制品。中华人民共和国成立后相当长的一段时期内，奶粉属于“特需品”，全国各大、中城市牛奶供应普遍紧张，只能实行专营。奶类消费主要集中在经济较为发达的北京、上海、重庆、天津、广州、南京等大中城市，消费者是为数不多的优裕家庭和某些特殊人群。另外，由于政府积极倡导、支持和推动妇女实现就业，而哺乳期的妇女在上班时间不能给婴幼儿哺乳，社会就需要提供足够的婴幼儿代乳品，而牛奶自然是最营养、最廉价的育儿乳品。婴幼儿和老弱病残等特定人群是政府的特殊照顾对象，在牛奶短缺时，首先要保证他们能喝上牛奶。

（二）改革开放到20世纪末的奶业形成期

从改革开放到20世纪末，是我国奶业的形成阶段。随着改革开放，我国奶业的发展也翻开了新的篇章，中国奶业作为一个独立的、新兴的、最具发展潜力的朝阳产业蓬勃地发展起来，这一阶段延续到20世纪90年代末。在这一时期，我国的奶牛存栏量从48万头增长到2000年的489万头，比1978年增加了9.3倍，年均递增12.4%；奶类产量也从97万吨发展到919万吨，比1978年增加了8.4倍，年均递增10.7%；年人均奶类消费量也从1公斤提高到了7公斤。经过这一阶段的发展，我国奶业已经形成相当的规模，奶类消费走向广大人民群众，为今后的快速发展奠定了基础。

发展历程 1953—1958年的“奶业社会主义改造”，目标是把私营奶业改造成国营为主、集体为辅的公有制奶业。第二次体制性变动是1978—1984年的“奶业经营管理体制的转变”，深刻地影响和推动了奶业发展。中国完成了社会主义奶业改造之后，农村已基本没有个体奶农，即使在北方牧区中有“自留畜”政策，其中自养奶牛的牧民也很少。1978年，在中国奶牛存栏中，国营奶牛场饲养36.6万头，占总存栏数的77.05%，集体饲养7.9万头，占总存栏数的16.63%，个体饲养3万头，仅占6.32%。

1978年12月党的十一届三中全会以后，奶业改革拉开帷幕。1979年，允许私人养奶畜的政策出台后，奶业领域的单一公有制被打破，奶业生产实行“国有、集体、个体一起上”的发展方针，有力地激活了劳动要素，解放了生产力，从此奶业开启了中华人民共和国成立后的辉煌时代。改革开放和科技进步，为乳业插上飞跃的翅膀，投资多元化，经营专业化、产业化，生产机械化、自动化，奶畜养殖业、乳品加工业、乳品机械制造业及乳品科教事业全方位推进，产出总量高速增长。

这个时期实际上由两个发展阶段构成：第一阶段是从1978年到1992年的高速发展时期，此阶段的主要特征是市场需求快速增长，奶类生产受到重视，单一的奶业生产、加工、经销国营制被打破，实行“国营、集体、个体一起上”的发展方针，形成投资主体多元化格局，国家对奶业的扶持政策加强，奶类生产出现高速增长，这十几年间奶类总产量的年递增率达到13.4%。第二阶段是从1993年到2000年的奶业高速发展后的结构调整期，此阶段的主要特征是放开奶类购销价格，实行市场竞争；放开乳品加工，实行投资主体多元化；实行产业化经营，组建奶业集团；放开乳品市场，调整乳品结构。奶类生产得到稳步增长，这几年间奶类总产量的年递增率为6.3%。

改革开放初期，我国主要采取了两项符合国情的奶业政策：一项是允许农村社队将集体奶牛场的奶牛由社员“承包饲养”；另一项是允许国营农场（奶牛场和牛奶公司）实行多种形式的经济承包责任制，有的农场允许职工兴办“家庭牧场”。当时的改革出发点在于全面建立和推行家庭承包饲养责任制，重构中国奶牛饲养的微观基础。于是农村开始出现农民自养奶牛的生产方式。个体奶牛饲养起源于农村基层，因而基层政府的扶持起到关键作用，在农民没有资金、技术和奶业社会服务体制尚不健全的情况下，县、乡政府的相关政策成为农村奶业发展的“助推器”。经过几年的实践，个体奶牛饲养显示出它的优点及较高的经济效益；农村集体奶牛场则进行了“分户包养”的探索，由于“分户包养”的生产方式适应当时的农村生产力发展水平，符合广大农民的意愿，所以在短短几年时间里，这种方式迅速在饲养奶牛的社队推广；与此同时，我国国营奶牛场的改革也逐步开展。奶牛头数快速增长就是改革开放的最直接、最直观的成果之一。到1984年，中国奶牛饲养量第一次突破100万头，5年时间增加了1倍。

牛下乡，奶进城 奶业改革的任务之一是“牛下乡，奶进城”，有计划地改变奶牛业的空间布局。一般来说，在远郊或乡镇饲养奶牛的机会成本和环境成本较低，饲料饲草问题也容易解决，因而奶价成本也相对较低。政府只要将综合服务网规划好，提高奶业的社会化服务水平，就会发展成为遍布乡村的绿色优质奶源基地。

由于受到城市交通设施和牛奶储运条件的限制，中华人民共和国成立前中国的奶牛场大多分布于城市近郊，甚至直接在城市里设场饲养。中华人民共和国成立后，在奶业合作化和公私合营过程中，通过集体和国家的力量，逐渐采取措施，将近郊和城内的奶牛迁移到远郊农村建场饲养，成功实现了历史上第一次“离城迁郊”。但是，第一次“奶牛搬迁”依然是围绕城市进行，总体格局没有发生根本改变。

改革开放后，我国的社会经济条件有了重大改变和进步，为奶业推进“牛下乡，奶进城”的行业合理布局创造了良好条件。一是由于推行“家庭饲养”和“家庭农场”的奶牛饲养方式，各地农民和农场职工的养牛积极性空前高涨，释放出巨大的能量，使养奶牛成为改变农村产业结构、增加农民收入的途径之一，自发形成“牛下乡”的传播扩展。二是由于交通运输条件的改善，为向远离中心城市的农村运送生鲜乳提供了条件。牛奶是一种对储运保鲜要求极严的特殊产品，如果不能做到在保鲜时限内将生乳运送到指定的加工地点，则“牛下乡”的空间距离就非常有限。因此，改革开放初期，“牛下乡”主要是沿着交通干线的农村发展。三是由于改革开放后城乡居民的生活水平提高，牛奶逐渐成为城乡居民的“普通营养食品”，不再是“特供品”“特需品”。因此，中国各地普遍开始饲养奶牛，客观上促进了形成“牛下乡”的局面。四是我国在乳品加工生产的科学规划布局方面做到全国统一平衡，在各地中心城市兴建了一批乳品加工企业，为合理利用全国的奶业资源创造了条件，也为农民就近“奶进城”提供了便利。

经过这次遵循奶业发展规律的有计划的奶业布局调整，我国逐渐形成了三个特色鲜明的奶业产区：一是城郊奶业发展优势区，以北京、天津、上海等大城市的郊区农村和国营农场为代表；二是东北牛奶优势区，包括黑龙江、内蒙古等传统牧区，即农牧结合以牧为主的奶业发展类型；三是华北牛奶优势区，包括山东、河北、山西等传统农区，即农牧结合以农为主的奶业发展类型。此外，长江以南地区的奶业在改革开放后也获得了长足发展。

正是有了这些客观条件，在奶牛养殖大发展时期，顺应了行业发展的形势，实现了奶牛饲养的第二次“奶牛大搬迁”，为后来的奶业发展搭建了良好的行业空间布局。

奶业改革的“放开”与“开放” 在完善前一阶段所推行的国营和集体奶牛场的奶牛饲养承包责任制的基础上，进一步推行国营奶业的所有权与经营权适当分离，确立国营奶业企业的市场主体地位，促使国营奶业企业实现自主经营、自负盈亏，具有自我积累、自我改造、自我发展的能力，成为市场主体和法人实体，着力推进乳产品流通体制改革。从此，“国营奶业”改称为“国有奶业”。

这一阶段中国奶业改革的特点可以简单概括为“放开”和“开放”，是特指关于奶业的两项重大经济政策的改革取向。“放开”是对内的改革，主要是针对计划经济时期约束奶业市场经营的政策调整，如放开奶业市场的民营和私营的门槛，放开乳品市场价格，放开饲料供应市场，取消乳品价格“双轨制”，等等。“开放”是对外的改革，包括开放奶业的国际合作，开放乳品进出口经营，开放奶业技术装备市场，开放良种奶牛的科研合作，开放奶业的外资外企的经营权，等等。

（三）21世纪奶业产量高速增长期

从2000年至2007年，是我国奶业的高速发展阶段。短短几年时间，奶类产量连续跨越了1000万吨、2000万吨和3000万吨三个千万吨级台阶，跃居世界第三产奶大国，奶牛存栏量在2007年底达到了1213万头，而年人均奶类占有量接近23.1公斤，增长了2倍多，一批乳制品企业迅速成长起来，蒙牛、伊利营业收入突破300亿元，跻身全球乳业20强；此时中国已经成为名副其实的奶业大国。

政策扶持 首先，20世纪90年代末，国务院批准发布的《中国食物与营养发展纲要（2001—2010年）》将奶业列为未来10年中国食物与营养优先发展的重点发展领域之一。这为中国奶业进入21世纪后的高速发展奠定了坚实的基础。

其次，为提高广大中小学学生营养健康水平，拉动奶业发展，2000年8月29日，由当时的农业部、国家计委、教育部、财政部、卫生部、国家质量监督检验检疫总局和原国家轻工业局等7部委联合发文，正式启动了中国的“学生饮用奶计划”。该计划实施多年来，一直在稳步推进，覆盖面逐步扩大，饮用牛奶的学生不断增加。“学生饮用奶计划”的实施，为改善学生营养、提高青少年身体素质、推进中国奶业健康发展发挥了重要促进作用。

最后，2007年出台的《国务院关于促进奶业持续健康发展的意见》(以下简称《意见》)，立足于解决当时奶业面临的困难，又着眼于现代奶业的长远发展，提出了一系列政策措施，对于恢复奶农信心，稳定奶牛存栏，防止奶业大起大落，促进奶业增长方式的转变，全面提升中国奶业的质量、效益和竞争力具有重要意义。《意见》在中国奶业发展的关键时期出台，对中国奶业的发展起到了积极的鼓舞和促进作用。该文件是中国奶业史上国务院发布的第一个文件，具有里程碑意义。《意见》充分肯定了奶业的地位，明确了今后奶业发展的指导思想、基本原则、主要任务和工作重点，提出了5个方面的8项可操作性强的扶持政策和措施，对今后奶业的发展具有长远的指导作用。

乳品加工 进入21世纪后，随着中国大型乳品企业的崛起，释放了市场消费潜力，同时随着经济的发展，全面建设小康社会的推进，乳制品消费快速增长，乳制品产量和品种不断增加，中国乳品加工业进入了快速发展的轨道。乳品加工规模不断扩大，集中度日益提高，一批集产前、产中、产后为一体的新型乳品企业在发展中壮大，培育形成了中国本土的知名乳业品牌，如内蒙古伊利和蒙牛、上海光明、北京三元、黑龙江完达山等。与国际知名品牌如雀巢、帕玛拉特、达能等跨国公司在乳品业市场展开了激烈竞争。这种激烈的竞争促进了中国乳品业的发展和技术进步。同时，在竞争中，一批中小型企业开始分化，纷纷加盟大的乳业集团。经过整合，一批经营效益好的奶业大型企业集团实现了扩张式发展。同时，新希望、银桥、飞鹤、佳宝、得益、卫岗、燕塘等企业集团，凭借雄厚的资金和灵活的机制介入乳品业，加速了整合进程，促进中国乳品业的发展逐步走向成熟。2001年，中国规模以上乳品加工企业共生产乳制品320.4万吨，2007年增加到1810.6万吨，是2001年的5.65倍，年均增长28.07%。2001年，中国乳品企业生产干乳制品74.3万吨，2007年增加至285.3万吨，比2001年增加了2.84倍，年均增长21.19%。2001年，中国液体乳产量为246.1万吨，2007年达到1525.2万吨，是2001年的6.2倍，年均增长29.77%。

为了适应产业发展要求，一些乳品企业通过大范围、大规模的资产重组，转向集团化运营，企业规模不断扩大。特别是2001年，中国加入了世界贸易组织（WTO）以后，世界著名的乳品公司纷纷进入中国，乳品市场的竞争日益激烈。为了应对世界同行的竞争，国内乳企通过兼并重组，造就了一批大型奶业龙头企业，涌现出一批知名的企业和品牌。2003年，中国有乳品企业584家，其中大型企业9家，中型企业88家，小型企业487家。2007年，中国乳制品企业增加到736家，其中大型企业12家，中型企业126家，小型企业598家，企业生鲜乳加工能力大幅提升，行业集中度不断提高，形成了一批产量大、市场占有率高的大型骨干企业和知名品牌。

快速发展的乳品加工业和具有巨大潜力的消费市场吸引了众多资本，使得中国乳品企业的资本结构趋向多元化。2007年，中国国有乳品企业29家、集体企业13家，分别是2001年的25.89%和28.89%，且私营和三资企业的数量也不断增加，分别由2001年的71家和51家增长到294家和98家，分别增加了314.1%和92.2%，在规模乳品企业中的比重也由2001年的16.36%和11.75%增长到39.95%和13.32%。在市场经济的大背景下，外资企业和民营企业显示出其强大的生命力和发展速度。同时中国乳品企业装备工艺水平和自主创新能力也逐步提高。

乳制品消费 在中国奶业快速发展的同时，随着市场上消费品的更新换代进入快节奏阶段，乳品的消费观念、消费能力和消费形态呈现出个性化和层次化的特征。中国乳品企业在增加乳制品产量的同时，加强了自主创新能力，不断开发新产品，丰富产品品种，优化产品结构。除巴氏杀菌乳、超高温灭菌乳、酸奶和奶粉等传统品种外，干酪、奶油等也逐渐走上了大城市居民的餐桌，释放了奶业消费潜力，推动了奶业的发展。

随着中国奶业的发展和居民收入水平的提高，奶类消费水平总体呈现逐步上升趋势，城镇居民奶类消费量（折合原奶）由2001年的16.76公斤上升到2007年的24.87公斤，增长了48.39%，年均增长8.06%，农村居民乳和乳制品消费量由2001年的1.20公斤上升到2007年的3.52公斤，增加了1.93倍，年均增长率为32.2%。在品种结构上，中国增加较快的主要是城镇居民的液体乳消费量，奶粉消费量基本稳定。

经过几年的发展，中国奶业市场逐步扩大，消费者饮奶知识有所增加，人们对牛奶的认识有了较大的改观，有许多人已认识到牛奶对人体健康和国民经济发展的促进作用。同时，随着乳制品贸易的不断加强，进口乳制品受到越来越多消费者的青睐，特别是中国加入WTO后，关税水平的降低，使进口价格下降，更进一步刺激了乳制品的进口。2007年，中国共进口乳制品29.9万吨，是2001年19.6万吨的1.53倍，年均增长率达到8.83%。

奶类消费支出在食品消费支出中所占的比重也能体现出奶类消费水平的提高。1995年，中国城镇居民家庭平均每人奶类消费支出为31.43元，仅占当年食品支出的1.78%；此后逐年增长，到2006年已经达到150.23元，占食品支出的比重为4.83%；同一时期，其他畜产品的消费支出在食品总支出中的比重却呈现逐年下降的趋势或基本持平。

随着奶业的发展，在乳制品结构不断变化和丰富的同时，中国奶业实现了从卖方市场向买方市场的转变，销售渠道和销售方式开始多样化。一是销售渠道和销售方式多元化。乳制品销售渠道和方式包括批发、零售和特殊方式：批发分为独立运作一个品牌的批发商和兼营几个品牌的批发商，负责各区域乳制品市场的开发和维护；零售以店铺销售为主，按经营格局的变化分为传统销售和现代销售；特殊方式是按社会的不同行业或特殊的人群而界定的特有销售方式，比较有代表性的有学校、医院、餐饮、团购等。二是销售手段多样化。突出表现在乳品加工企业采取各种手段进行促销，以扩大市场份额。三是宣传力度不断加大，宣传形式多种多样，广告宣传费用大幅度增加。乳品加工业的发展和销售方式的多样化，以及这个阶段城乡居民生活水平的大幅度提高，极大地刺激了城乡居民奶类消费。

发展中存在的问题 2001—2007年，中国奶牛存栏数、奶类产量不断提高，产业结构和生产力水平得到大幅提升。奶牛养殖业的快速发展，带动了农业和农村经济结构战略性调整，增加了农民收入，成为农业和农村经济发展新的增长点。奶牛养殖成为畜牧业中发展最快的产业。但此时的中国奶牛养殖业仍以农户散养为主，奶源供应的地缘化、分散化现象严重。中国各地相继建立了一批规模不等的乳品企业，出现了区域集中度不高、重复建设的情况，其中相当一部分乳品企业的经营业绩差，甚至处于亏损状态。布局分散，奶源分散，品牌分散，成为21世纪初的奶业特点之一。乳品企业为了抢夺本地市场，几乎每个省（自治区、直辖市）都有自己主导的企业品牌。例如，内蒙古的伊利和蒙牛，上海的光明和晨冠，北京的三元，黑龙江的完达山和龙丹，天津的海河，江苏的卫岗，浙江的娃哈哈，陕西的银桥，山东的佳宝，辽宁的辉山，湖北的友芝友，湖南的太子奶，广东的乐百氏，重庆的天友，四川的菊乐和新希望，云南的蝶泉，新疆的金牛，等等。除了这些主导品牌之外，其他奶业品牌数量总和达到数百个，存在非常明显的品牌分散化现象。

21世纪的中国奶业逐渐从幼稚走向成熟，但与奶业发达国家相比，仍处于发展的初级阶段。主要表现为产品、加工和销售的不协调。首先，奶业空间布局和行业内部分工不平衡，加工企业重复建设现象严重。一些地方政府对奶业增长趋势的判断过于乐观，纷纷争创大省、大市、大企。其次，对奶源发展重视程度不够。很长一段时期，中国乳品加工能力与奶源的增长速度不相适应。乳品加工能力每年以30%以上的速度增长，而奶源的增长速度最高也只有15%，呈现出产、加、销链条上的两头低、中间高的失调状态。最后，中国奶业进入微利时代。21世纪初，中国拥有近1500家乳品加工企业，其中30%左右的企业处于盈亏平衡，30%的企业陷入亏损。而且，在奶业企业亏损的情形下，奶农也没有赢利。饲料价格的飞涨，饲养成本居高不下，奶农期盼乳品加工企业提高收奶价格，但作为奶业产业链最底端的奶农缺少话语权。

加入WTO 正当中国奶业行业艰难前行之时，中国加入了世界贸易组织。不论此时的中国奶业是否已经做好了“开门迎客”的准备，都必须面对并适应这个现实。中国加入WTO之前，全球多家奶业巨头已经进入中国市场，加入WTO以后，随着关税水平降低，更多的外国奶业进入中国市场，年轻的中国奶业卷入了空前的国际化竞争当中，面临着严峻考验。当然，世界各地在奶业领域里的先进工艺、技术、设备、工具、仪器、产品、经营管理方式乃至管理理念等，必然会同时传播到中国来，加速中国奶业的产业升级和管理现代化。因此，对于尚处于发展初级阶段的中国奶业，加入WTO，既是挑战，也是机遇。

二、国际合作

从中华人民共和国成立到2007年，在中国奶业的发展过程中，通过开展国际合作，借助外资、外援和引进先进技术，提升了中国奶业的整体水平，改善了城乡鲜奶供应状况，对中国奶业的发展起到了推动作用。

（一）接受奶业援助

最早向中国提供的奶业援助项目是世界粮食计划署（WFP）以及欧洲联盟（EU，简称欧盟，前身为欧洲经济共同体）的“奶类援助项目”。中国改革开放后第一次开放国际合作的项目就是从世界粮食计划署的奶类发展项目开始的。

改革开放初期，中国的乳品供应短缺很严重。由于长期远离国际同行，中国奶业对世界先进的技术、装备和管理都缺乏了解，对国际奶业状况趋势也知之甚少。为了迅速发展奶业，提高奶产量，大幅度增加大中城市鲜奶及乳制品的供应量，缓解市场供需矛盾，农业部于1982年1月向世界粮食计划署提出申请，该项目在1983年5月第15次粮食援助政策及计划会议上通过，并于同年8月在北京签署了项目《执行计划》并正式实施。世界粮食计划署的第一期奶类发展项目实际上属于“乳品无偿援助项目”。1984年7月，农牧渔业部再次向世界粮食计划署递交了把项目区扩大到20个城市的第二期援助申请，后因世界粮食计划署能够动用的援助资源有限，遂将中国的申请转给当时的欧洲经济共同体（EEC）。1988年3月1日，中国政府与EEC在布鲁塞尔签署了《EEC援助中国20城市奶类发展项目协议书》，并开始执行。

20世纪的最后10年间，中国相继执行了“欧洲经济共同体（EEC）援助中国24个城市和地区的过渡期奶类发展项目”“欧洲联盟援助中国11个地区的奶业及食品加工业的技术与商务合作项目”，以及“欧洲联盟援助中国3省、自治区的水牛开发项目”等。

我国奶业通过执行援助项目，加强了奶源收集分发系统建设，兴建和改扩建了一批乳品加工厂，接受了奶类技术援助，并成立了“全国奶业发展基金”。

（二）对外开放

加入世界贸易组织　2001年12月11日，中国正式获准加入世界贸易组织，这标志着中国经济与世界经济体系正式接轨，加入WTO对中国奶业的影响是显而易见的。在奶业生产与世界对接的过渡期间，中国奶业要处理好开放与保护的关系，在承诺开放国内市场、削减关税、减少保护的约束条件下积极发展自主奶业；在增长方式转换期间，中国奶业要加速科技进步，使科学技术对奶业进步做出贡献，促进奶业现代化和可持续发展；在适应WTO规则下进行奶业体制转轨期间，中国奶业要根据市场供求关系，调整奶业的生产结构和居民的消费结构。

加入WTO之前，中国在奶业生产和贸易领域，基本上不存在政府补贴保护和国家垄断贸易。此外，中国是奶制品贸易的净进口国，不存在出口补贴，因而“入世”对奶业的影响集中体现在乳制品进口关税降低这一点上。

由于从事奶业生产所需要的资源、资金、技术和人才等生产要素在各国和地区间的分配是不均衡的，这种不均衡导致了各国乳品生产的资源禀赋不同，竞争优势差异很大，从而使得乳制品国际贸易成为可能。同大多数农产品生产一样，奶类生产在较大程度上受自然资源制约，如土地、饲料、气候等。与粮食作物等初级产品相比，奶业属于资金和技术密集型产业。但从世界范围来看，无论是原奶生产还是乳品加工，其技术、工艺、设备的开发和生产都已比较成熟，并集中于少数几家大型乳品设备生产集团，各国在加工技术和成本上差异不大。

21世纪之初，中国乳品行业尚属于幼稚型行业，其规模、技术和产品质量同发达国家相去甚远。加入WTO后，首先面临的是乳品进口关税减让。随着关税的降低，国内乳制品的价格优势不复存在。根据中国同新西兰、美国、欧盟达成的WTO双边及多边协议，所有乳制品类关税自2001年开始逐年递减，5年内降到10%～15%，这对中国乳品行业形成强大冲击。而加入

WTO以前中国乳制品进口关税情况是：液体乳、奶粉类25%，乳清粉类6%，奶油、干酪类50%。中国奶业加入WTO的第一道冲击波来自关税锐减。

入世之前，我国居民奶类消费的快速增长使得国内生产不能满足国内消费，奶类是我国唯一净进口的畜产品。1997—1999年，奶类净进口74.9万吨，相当于国内产量的9.66%，奶类贸易逆差1.59亿美元。根据我国加入WTO谈判达成的关税减让进程表，入世后我国乳制品进口要实行关税减让，即从入世前的25%～50%下降到10%～15%，只有个别产品下降到20%（见表1-1）。加入WTO后，我国乳制品的净进口量从2001年的63.9万吨扩大到2006年的142.7万吨，增长了123.32%。但在此期间国内需求的增长快于国内生产的增长，我国乳制品的人均消费量从1999年的6.65公斤增长到2008年的24.8公斤。入世带来的进口增加被快速增长的需求迅速消化，并没有对国内生产形成挤出效应。

同时，当时我国的奶牛养殖模式以散户和小规模养殖为主，原料奶仍有成本优势，而且国外乳企进入中国后存在“水土不服”，国内消费者仍偏好国产乳制品。这期间进口增长较快的主要是奶粉，用于还原调配液体奶，弥补国内生产的不足。

由于奶粉是中国历年进口比例最大的乳制品，也成为最早受到冲击的乳制品。在加入WTO前，中国的国产奶粉价格与国际市场价格存在较大的价差，具有较强的价格优势。如1999年，中国奶粉产品与国际市场的同类产品价格相比，每吨平均有3000元人民币左右的差价。加入WTO后，奶粉进口关税降低到10%，国产奶粉产品在价格上的优势便不复存在。

表1-1 中国加入WTO主要乳制品关税税率减让表

（单位：%）

HS	货品名称	2000年优惠税率	2001年优惠税率	开始年（跳过）	2002年优惠税率	2003年优惠税率	2004年优惠税率	2005年开始优惠税率
0401	未浓缩乳及奶油	25	23	21	19	17	15	15
04021	浓缩固态乳及奶油	25	15	15	15	12.5	11.5	10
04022-29	其他浓缩非固态乳及奶油	50	43.3	36.7	30	15～23.3	12.5～15	10
04031	酸乳	50	42	34	26	18	10	10
04039	其他酪乳及发酵奶油	50	44	38	32	26	20	20
04041	乳清及改性乳清	6	6	6	6	6	6	6
04049	其他乳清产品	50	44	38	32	26	20	20
0405	黄油、乳酱、乳脂（油）	50	43.3	36.7	30	23.3	15	10
0406	鲜干酪、加工干酪	50	42.4	34.8	27.2	19.6	12	12
04064	蓝纹干酪	50	43	36	29	22	15	15
04069	其他干酪	50	42.4	34.8	27.2	19.6	12	12

数据来源：WTO谈判关税减让进程表；《中华人民共和国进出口税则》2003年和2004年

注：开始年跳过是因为中国年度调整关税的日子是“1月1日”，与中国成为WTO正式成员的时间12月11日离得很近，为避免因为时间差距较短而引起混乱，使各国企业更容易了解中国减税情况，中国决定把这两个减税日子合在一起，并以“1月1日”为执行日

虽然其他乳制品如奶油、干酪以及鲜奶、酸奶等也会受到冲击，但其力度比奶粉要小得多。因为中国国内历来很少生产干酪、奶油，国内居民食用干酪、奶油的习惯并不普遍，早先产品主要是供应在华侨民。而要求新鲜、货架期短的杀菌牛奶、酸奶类产品价格在短期内不会受到冲击。总的来说，中国奶业在加入WTO后最初阶段受到的最大冲击不是某类乳制品，而是来自外资乳品企业对本土企业的综合竞争压力。第一，加入WTO后，中国市场开放程度加大，国外金融等服务业的进入，使它们更容易得到来自国际金融、物流等方面的支持，从而形成更完整的现代产业体系和竞争价值链。第二，随着三资乳业度过了“水土不服”的困难时期，他们逐渐开始推进“驻在地本土化”的进程，大量雇用中国本地员工，人力成本逐渐下降，更加适应了中国本土以及企业所在地区的人文环境。第三，随着国际零售巨头不断进入中国，市场乳品流通逐渐向外企擅长的连锁商场超市、大卖场等方面过渡，不少人更习惯于一次性从市场购回整箱的牛奶，对本土企业以送奶到户网络垄断液体乳市场形成了营销方式的挑战。第四，本土乳品企业更习惯于靠价格、口味和广告来抢夺市场份额，而随着市场的逐步规范和消费者的不断成熟，外资乳品的品牌和质量优势日益凸显。

可见，加入WTO带来的挑战不是对一个局部的、单一品种的冲击，而是对中国整个奶业生产和乳品行业的挑战。加入WTO后，随着关税的逐步降低，中国乳制品市场竞争进一步加剧。进口乳制品增加幅度较大，主要来自澳大利亚、新西兰等生奶生产成本相对较低的国家；利润空间较大的成品乳制品进口的增长幅度也较大。因此，竞争的焦点是知名品牌效应，以品牌优势占领市场。

在奶业的国际贸易竞争中，原料奶生产边际利润率较高的国家往往占有优势。中国开展奶牛饲养的资源条件并不占优势，这也是在中国劳动力成本很低的情况下，牛奶的生产成本却大大高于主要的牛奶生产国的原因。随着发达国家（主要是欧盟）对本国奶业的生产保护和出口补贴的限制，无形中提高了这些国家的生产成本，他们开始选择直接在中国投资设厂的方式，进行本土化乳品生产。其结果就是，中国乳品市场的国际化、全球化趋势更加明显。

加入WTO以后，中国奶业因势利导，因地制宜，采取了积极的应对措施，促进了奶业的平稳过渡和持续发展。加入WTO虽然对中国奶业造成了一定的冲击，但也有其有利的一面。例如，关税减让减少了乳品走私，规范了进口乳制品市场；增加了出口机会；促进了乳品行业的技术、装备、质量、生产效率的提高；加快行业改造，促进大企业集团和知名品牌的形成。

在世界经济一体化的格局下，中国奶业采取了一系列措施来应对加入WTO带来的挑战。一是奶源基地建设得到加强。逐步淘汰了分散饲养、手工挤奶、奶站收奶的传统管理模式，从根本上提高了奶源质量。奶牛饲养向规模经济型发展，降低了饲养成本，提高了单产，扭转了部分地区奶价过高的情况。二是液体乳生产快速发展。液体乳在中国乳制品中发展最为迅速，与国际乳品相比，最具竞争力。由于液体乳（特别是巴氏杀菌奶）要求新鲜、货架期短，本土品牌更具优势。扬长避短，成为入世后国内乳品开发的方向。增加了全脂奶粉生产，为食品加工业提供了优质原料，同时增加了功能性奶粉、配方奶粉生产。

三是大型企业集团加快发展。乳制品企业向大型化推进，自动化水平、劳动生产率得到提高，为了与国际乳品生产巨头竞争，乳品生产的集团化无疑是中国乳业发展趋势。入世后，中国通过企业之间并购重组，突破地域限制，扩大规模，建立广泛的生产营销网络，减少物流费用，降低成本，取得了显著成效。四是提高了乳产品质量。随着中国加入WTO，中国奶业在自己的家门口就直接参与了国际竞争，竞争的取胜法则永远是可靠的质量和良好的服务。乳品企业在竞争中逐渐适应了以国际标准严格要求自己。

由于乳制品进口关税大幅度下降，中国国产奶粉的增产势头受到制约。与此同时，由于进口奶粉、奶油和干酪类奶制品具有价格优势，此类产品的进口量逐年增多。国内的一些大型奶品企业批量进口奶粉、奶油和干酪类奶制品，经过改装后进入市场。针对鲜奶、酸奶等保质期短、品质要求高的保鲜类乳品，其市场需求量在中国加入WTO后也逐渐增加，同时对质量提出更高的要求。这种情况对于新西兰、澳大利亚等奶业发达国家来说，是一个千载难逢的机会。这些国家此前已经在新加坡、吉隆坡、曼谷、雅加达等地区积累了乳制品参与非本地市场竞争的经验。其首攻的目标市场是中国具有高居住密度、拥有高收入和上层消费者的城镇区域。

由于中国各级政府加强了防范加入WTO所带来的冲击的制度建设，奶业各相关环节积极应对，扬长避短，使加入WTO对奶业的负面影响降到最小，对奶业的积极作用发挥到最大。加入WTO之后，中国可以同时利用国内奶业资源与国际奶业资源以及国内乳品市场和国际乳品市场，实现两种资源和两个市场的优势互补，资源共享，信息互通。实践证明，中国加入WTO给本国乳品市场带来了巨大变化，对奶业的发展利大于弊。

中国加入WTO以后，国际乳品界普遍看好中国的投资环境和市场潜力。因为世界贸易组织的规则约束使中国的金融、法律、财务以及整个市场条件都有了显著的改善。同样，国内的乳品企业也在入世后得到发展。国内的乳品企业中，大约有60%是国有性质的。这些企业通过股份制改造，投资多元化，逐步转化为上市公司或股份制公司，实现企业的转制、转轨，增强了适应市场的能力，增加了市场运营的灵活性。

在国内乳品企业经过收购、兼并之后，市场更规范，消费更理性，市场集中度进一步提高。并购是世界产业发展史的一种规律性现象，是当今的国际潮流，也是跨国公司所擅长的发展模式。国外乳品巨头的进驻，促使中国奶业在两种资源、两个市场格局下实现重大变革。

一是促使中国政府加强乳品行业的法规、政策、标准的制定和完善。乳品行业的迅速发展，使得部分原有的乳品行业标准、政策已不能适应奶业发展的现实需要，有的与WTO的规则不相符，因而必须做出相应的调整和完善，以适应乳品行业本身健康快速的发展。

二是由于在短期内中国国产奶粉市场受到了冲击，部分以供应原料奶为主的奶农，特别是北方地区的乳品加工基地的奶农受到了更大、更直接的影响。政府为此出台了保护养牛农户利益的相关政策，包括建立奶业风险基金等，并帮助奶农养殖户提高饲养技术和管理水平。随着国外乳品巨头的进入，奶源的争夺日益激烈，国内的一些大型乳品企业调整了与奶农的合作方式，形成相对紧密的利益共同体，既能保证企业的奶源供应，也能保护奶农的利益，同时也催生了各地的奶农合作组织。

三是促进了中国乳品消费市场的扩大。国外乳制品直接进入市场，采用了多种方式宣传产品和食用乳品有益健康的概念，原先并未饮用乳制品的潜在消费者接触了更多的关于乳品的信息，更加直接、更加深入地接触到了琳琅满目的乳制品，被激起强烈的消费欲望，促进了乳品市场有效需求的继续迅速扩大。

四是丰富了中国乳品消费市场的品种。加入WTO前，中国乳品企业争夺的焦点是液体乳。由于整个乳品行业的细分不够，市场的深度和广度未能拓展，加入WTO后，逐步拓展了中国乳品行业的深度和广度，各种形态的乳制品应有尽有，满足了不同消费层次、不同消费习惯、不同饮食文化背景以及不同地理生态环境的市场需要。

五是促进了中国乳品行业的整体技术水平、管理水平和产品质量的全面提高，激烈的竞争逐渐将一批中小型乳品企业淘汰，迫使国内的乳品企业迅速提升自己的技术水平、管理水平和产品质量。优胜劣汰的自然法则，促使中国乳品行业的全面提升。

总之，中国加入WTO，在WTO协议下的乳制品贸易也发生了深刻变化，各协议签订国之间要实现乳制品自由贸易，大幅削减或完全取消关税，开放市场。中国加入WTO，吸引了更多的国际资本进入中国奶业，使中国乳制品贸易主体多元化，有利于促进乳制品贸易体制改革，加快乳制品市场经济的发展，加速中国乳品经济国际化步伐。同时，有利于加强乳业技术的合作和科学交流，促进中国乳业技术改造和管理水平的提高，消费者可以获得价格便宜、品种更多的乳制品，从而促进乳制品消费市场的扩大。虽然加入WTO后中国大幅削减甚至取消关税，加剧了本国乳品市场竞争，对民族乳制品造成一定冲击，但总体来看，这对繁荣中国奶业经济和奶业市场，促进整个奶业产业结构的优化和推动奶业产业进步具有重要作用。处于弱势地位的中国奶业，在加入WTO后，经受住了考验，渡过了难关，逐渐进入平稳快速发展的新阶段。

（三）奶业贸易

20世纪90年代以前，由于政策上对乳品工业的保护，中国乳制品的进口量不大，而且增长缓慢。随着政策的放宽，乳制品进口量增长很快。据海关统计，1991—1995年，中国共进口乳制品29.9万吨，平均每年6.0万吨，金额为6370.8万美元。其中，1994年和1995年分别进口8.4万吨和7.0万吨，金额分别为7585.5万美元和6818.7万美元。与1979—1986年相比，平均年进口量增长近50%。1996年，中国乳制品进口量为7.76万吨。进口乳制品主要来自欧洲、大洋洲及北美洲等发达国家，其中来自荷兰的乳制品数量最多。1999年，中国出现了乳制品的进口高峰，进口乳制品达到16.3万吨，比1998年增长了47%（见表1-2）。

20世纪90年代后，国外乳制品的大量进口对于中国乳业发展是一把“双刃剑”。它一方面丰富了中国乳品市场，满足不同消费者的需求，带动乳品加工业技术水平、管理水平的提高以及新产品的开发。另一方面也冲击了中国乳制品尤其是奶粉的销售，造成国产奶粉滞销，库存增加。由于部分乳制品，比如全脂奶粉的进口价低于国内售价，加上关税的降低，使得大量外国全

表 1-2　　1995—2007年中国乳制品进口数量

（单位：吨）

品类	1995—2007年		1995年	1996年	1997年	1998年	1999年	2000年	2001年	2002年	2003年	2004年	2005年	2006年	2007年
液奶	103288	3.24%	7438	7274	10083	8884	14942	14910	9599	4836	3024	3006	3829	3819	4109
酸奶	15567	0.49%	1244	422	232	600	2395	2554	2856	1663	322	492	497	784	721
乳清	1779011	55.75%	32542	48488	71574	69454	83228	122903	120081	137928	161225	177987	188006	184505	167584
黄油	92523	2.90%	1181	780	353	485	3294	3088	1409	5155	11228	12379	12835	12781	14002
奶酪	66685	2.09%	1848	407	235	460	1182	1968	2030	2533	4614	7244	7178	9892	13190
浓缩乳	13439	0.42%	1124	915	285	232	1784	647	1387	852	962	1120	1225	1128	925
奶粉	1120647	35.12%	24514	19305	27554	31053	56602	72769	58618	110933	133689	144787	106804	134918	98171
合计	3191160	100%	69891	77591	110316	111168	163427	218839	195980	263900	315064	347015	320374	347827	298702

脂奶粉进入中国市场。随着中外合资及外商独资乳品企业迅速发展，世界上实力雄厚的奶业大公司纷纷落户中国。

1995年，对中国主要城市居民消费品的调查显示，奶粉名优品牌购买率约为50%。进口奶粉受生产成本、关税等因素的影响，产品价格较高，每公斤售价为65～187.5元；合资企业生产的奶粉每公斤售价为28.5～111.1元；国产奶粉每公斤售价为21.5～51.2元。当时只有完达山、光明等七八个国产品牌可与“洋品牌”竞争。

乳制品生产也随之发生共振式波动。1996年和1998年，乳制品生产出现负增长，其中1996年年产量下降了4.2%，1998年下降了2.8%。这种情况导致部分国产乳制品出现积压，一些企业因产品滞销而处于停产或半停产状态。

在乳制品进出口完全放开的20世纪90年代初，中国的奶业政策发生了重大变化。一是彻底放开牛奶购销价格，二是取消牛奶政策性补贴，三是原料奶价格基本上由乳品加工企业确定。放开奶价后，各地奶牛业下滑趋势得到一定程度的控制，奶业生产逐步走出低谷。

从国家整体利益和长远经济发展的角度来说，开放乳制品进出口，能够在经济全球化中实现奶业资源共享，并从中获得利益。但是这种“利益”是潜在的、未来的，就短期甚至中期而言，奶业国际竞争的风险大于所获得的利益。也就是说，开放市场必然面临随之而来的各种市场风险。

一是制度风险。在计划经济向市场经济转变的社会转型期，中国奶业各种制度、法规尚处在初创阶段。在这个特定的历史时期，奶业的制度创新具有探索性，奶业的经营组织具有过渡性。

原来潜伏的乳品生产不稳定、乳品质量不安全等因素，在外部市场冲击下凸显出来，有的甚至被放大或者被扭曲，酿成严重社会问题。

二是市场风险。作为世界上最大的发展中国家，中国的乳品科技和市场体系与国际先进水平存在较大差距，乳制品进出口完全放开，国内乳业受到冲击是不可避免的。这种冲击主要来自乳品的国内外价差和进口乳品的关税高低及特殊保障机制的设定。此外，市场风险还表现在奶农的市场信息不对称而且滞后。由于中国奶业市场基础设备不完善，市场供求信息迟钝，奶农的经营风险不能通过市场机制来规避，所以会不断发生奶业的动荡。

三是技术风险。奶业是资金、技术、劳动力等生产要素集约程度很高的产业。奶农为了满足市场的需求，必须不断地把高新技术应用于奶业生产，因此需要投入更多的资金和时间来了解、接受、学习和掌握奶业的新设备、新技术、新品种的相关知识和技能。在缺乏高效的全覆盖的奶业技术社会服务体系的情况下，整个奶业技术风险就会加大。

四是资产风险。随着奶业市场化程度的提高，饲养规模不断扩大，乳品加工企业乃至普通奶农的生产投入也相应加大。而乳业投资具有很强的“锁定性”，比如投资经营一个奶牛牧场，由于成本的回收周期长，市场化程度越高，技术创新难度越大，投资的风险也越大。

第二章

2008—2016年产好奶时期

一、奶业转型发展背景与意义

（一）“三聚氰胺事件”起因与概况

“三聚氰胺事件”发生背景 进入21世纪以来，我国的奶业发展连年创出佳绩，无论是奶牛存栏头数还是总产奶量都在以惊人的速度增长，但在发展过程中仍存在养殖生产方式落后、质量安全监管缺失、消费安全意识缺乏等问题。由于奶业产业链系统庞大，涉及奶农、奶站、加工企业、经销商、消费者、政府部门等众多利益攸关者，各个主体分别从属于独立的经济利益体，奶源市场无序竞争、乳品质量安全监管漏洞以及利润分配存在缺陷是造成“三聚氰胺事件”发生的主要原因（刘玉满等，2009；钱贵霞等，2010）。

从奶源市场角度来看，2008年之前我国奶牛养殖生产方式相对落后，奶牛养殖以小户散养为主，奶源收购大多来自个体奶站（占全国奶源25%）和散养农户（占全国奶源60%以上），大多数奶站证照不全，奶源质量难以控制。作为“理性”的经济人，中国乳品企业考虑到原料奶保鲜及运输成本的需要，奶源很难全靠自身牧场供应，只好就近收购散奶，在企业争抢奶源的形势下，奶源质量难以控制，在原料奶中掺杂使假也成为一些不法奶站业主谋取利益的一种手段（钱贵霞等，2010）。因此，相对落后的养殖方式，加之奶源市场的无序竞争直接导致了“三聚氰胺事件”的发生。

从奶业监管检测角度来看，2008年之前中国原料奶质量检测系统并不健全，乳品标准体系也不完善。一方面，我国奶牛大多采用黄贮饲料饲喂，难以满足奶牛营养需求。另一方面，对于散养农户来说，原料奶生产卫生条件很难保证，导致其质量安全也难以得到保证，细菌总数和体细胞总数远远高于国外发达国家（张利庠，2010），按照当时国标每百克生鲜乳蛋白含量不低于2.95克的规定，2007年和2008年夏季调查数据显示，我国北方一些省份生鲜乳蛋白含量低于国标比例，仅为75%和90%，这也在一定程度上导致个别企业在原料奶中恶意添加三聚氰胺。同时，当时政府职能部门监管的相对缺失也是酿成“三聚氰胺事件”的一个重要原因。

从奶业利润角度来看，由于中国奶业没有形成完整的产业链，利润分配不均衡现象尤其明显。在实际奶业生产中很多奶农都处于亏损状态，相对于小农户来讲，乳品企业的市场势力仍然处于绝对优势地位。在奶农和奶站的博弈中，奶站处于强势，但在企业与奶站的博弈中，奶站也处于弱势，因为奶站数量众多，太过分散，不足以形成与企业制衡的力量。这种产业链主体的市场势力不均衡影响了奶业的可持续发展（张利庠，2010），三方未形成合力，无法形成三方共同培育、开发、维护和爱惜乳品市场的有效激励。

“三聚氰胺事件”发生过程 根据新闻媒体报道、中国奶业年鉴等相关资料，可将“三聚氰胺事件”划分为事件曝光阶段、国家紧急应对阶段、实施惩处阶段。

事件曝光阶段：2008年9月8日，甘肃岷县14名婴儿同时患有肾结石病症，引发外界关注。9月11日，甘肃全省共发现59例肾结石患儿，部分患儿已发展成为肾功能不全。经相关部门调查，患儿多有食用三鹿牌婴幼儿配方奶粉的历史，卫生部门高度怀疑石家庄三鹿集团股份有限公司（以下简称三鹿集团）生产的三鹿牌婴幼儿配方奶粉受到三聚氰胺污染。三聚氰胺作为一种三嗪类含氮杂环有机化合物，含氮量高达66.6%，当它和水一起被添加到牛奶中时能骗过“凯氏定氮法”获得虚假的蛋白质含量，但是如果长期摄入会导致人体泌尿系统中膀胱、肾产生结石，并可诱发膀胱癌。2008年9月12日至17日，“三聚氰胺事件”在全国陆续爆发，各地报告临床诊断患儿一共有6244例，随后全国各地不断发现婴儿因食用三鹿牌婴幼儿配方奶粉而出现肾结石病症的报道。据官方统计，“三聚氰胺事件”导致中国近30万名婴幼儿因食用三鹿牌奶粉和其他个别问题奶粉导致泌尿系统出现异常，并有多名患儿死亡。

国家紧急应对阶段：事件发生后，国务院相关部门对此高度重视，紧急实施专项检查、责令下架等应急措施。9月9日，国家质量监督检验检疫总局派出调查组赶赴三鹿集团。9月13日，中共中央、国务院对严肃处理“三聚氰胺事件”做出部署，立即启动国家安全事故Ⅰ级响应机制[①]，并成立应急处置领导小组。国家质量监督检验检疫总局派出调查组赴三鹿奶粉生产企

① Ⅰ级为最高级，指特别重大食品安全事故。

业调查事故原因，并在全国范围内对同类产品进行专项检查。9月16日，国家质量监督检验检疫总局在其官方网站上公布了全国婴幼儿配方奶粉三聚氰胺专项检查结果，109家在产企业的419批次产品中有2家企业69批次产品检出了三聚氰胺，涉及三鹿、伊利、圣元、古城、雅士利、南山倍益、蒙牛等著名品牌。在检出三聚氰胺的产品中，石家庄三鹿牌婴幼儿配方奶粉三聚氰胺含量严重超标，其中最高的达2563毫克/公斤，其他为0.09～619毫克/公斤。同时，针对受害消费者确立“先救治后赔偿”的应急处理方针，9月18日，国家工商行政管理总局发出紧急通知，要求各地工商部门对市场上含三聚氰胺的产品，立即停止销售、下架退市。9月20日，原卫生部发出紧急通知，要求没有开通婴幼儿奶粉事件健康咨询热线12320的省份应在最短时间内开通，并及时告知公众，解答公众咨询，引导群众正确就医。

实施惩处阶段：9月16日以来，国家启动行政处理和刑事侦查程序，决定对三鹿集团立即停产整顿，免去包括石家庄市行政管理部门和相关企业负责人的职务，并对26名有关嫌疑人进行刑事立案侦查，对三鹿集团董事长田文华实行刑事拘留。同时根据《中华人民共和国食品卫生法》和《中华人民共和国产品质量法》，三鹿集团最高将被处罚2亿元人民币。2008年9月底，河北省政府制定下发了《三鹿牌婴幼儿配方奶粉销毁办法》，决定由工商、环保、公安、监察等部门负责，采取集中销毁与就近销毁相结合的方式，在2008年10月4日前把共计450余吨的问题奶粉全部销毁，以防止其回流社会。2008年12月23日，石家庄市中级人民法院宣布三鹿集团破产。

(二)"三聚氰胺事件"对我国奶业生产与消费的影响

2008年"三聚氰胺事件"对我国奶业生产、加工、消费和贸易各个环节造成了巨大冲击，产生了短期难以逆转的负面影响，我国奶业由快速发展期转为"寒冰期"。

生产：主产区出现倒奶，养牛效益下降 由于乳制品市场加工企业困难，奶农卖奶难，主产区出现了中华人民共和国成立后最严重的倒奶现象。2008年9月19日至21日，全国范围内原料奶损失每天在1.0万～1.5万吨，按3000元/吨计，奶农每天损失3000万～4500万元(李胜利等，2008)。"三聚氰胺事件"发生10天内，全国共倒掉8万吨原料奶，相当于倒掉全国1天的原料奶产量(中国奶业史，2013)。2008年9月14日至16日，河北省全省损失原料奶5936吨，除少量以200元/吨贱卖外，绝大多数都被奶农无奈地倒掉。由于奶站少收甚至是不收奶，处于食品供应链最前端的奶农只好无奈地选择让奶牛停奶、倒奶甚至是卖掉奶牛，该做法造成奶牛数量急剧下降从而造成长期损失(刘玉满，2009)。2008年底，原料奶价格出现明显下降趋势，规模化养殖场原料奶收购价格下降幅度在0.1～0.5元/公斤之间，基本销售价格都能够维持在3元/公斤左右，养殖小区原料奶收购价格下降幅度在0.3～0.8元/公斤之间，基本销售价格都能够维持在2.2～2.6元/公斤之间；散户原料奶收购价格变化最大，基本销售价格都能够维持在1.5～2.4元/公斤之间，但有些地区原料奶的价格甚至低于1.0元/公斤，即使这样销售也十分困难，广大的散养户处于严重的亏损状态(王莉等，2009)。受此影响，2009年，我国奶类生产一改连年增产的态势，出现拐点式下降，降至3153.9万吨。

加工：乳品企业开工不足，资金周转困难 “三聚氰胺事件”发生以来，全国大多数乳品企业处于减产、半停产或停产状态，产品积压，资金周转困难。第一，企业开工不足，产销率低水平徘徊。事件爆发前，我国乳制品月产量总体上呈增长趋势，由于危机事件的爆发，2008年9月，乳制品产量与上年同期相比下降了13.3%，10月与11月同比分别下降了28.8%、22.5%。事件发生两个多月后，根据对全国631家乳品企业的统计，企业停产面仍达18%（中国奶业史，2013）。第二，企业亏损严重，资金十分紧张。由于销售额大幅下滑，加之大量资金用于退货和赔偿，部分企业出现严重资金困难。据内蒙古自治区政府统计，仅至2008年9月19日，在全国26个省份中，伊利、蒙牛两大乳品企业下架产品就达64亿元人民币。截至2008年9月22日，两大企业订单减少80%以上，日收奶量3762吨，只占正常收奶量的18.5%。产品销量急剧下滑，最严重时下降幅度达90%以上，海外市场完全萎缩。2008年9月和10月，伊利、蒙牛、雅士利和古城分别亏损9.5亿元、6.5亿元、2.4亿元和0.5亿元。光明、伊利和蒙牛三家上市公司2008年亏损额分别达到2.7亿元、17.4亿元和9.2亿元。

消费：国产乳品消费下降，消费信心受损 “三聚氰胺事件”引发国人对国产奶的信任危机，这使得国产奶粉乃至各类奶制品消费减少，零售商纷纷撤架，国产奶粉品牌的市场份额在10月几乎为零。国外品牌受益于消费者寻找本地乳品的安全替代品，据统计，事件发生5周后，进口品牌市场占有率由70.6%增加到86.8%，国产品牌由29.4%下降到13.2%（中国奶业史，2013）。

尼尔森零售跟踪调查数据显示：奶粉销售量从2008年9月到10月下降22%、液态奶下降19%、酸乳酪与酸乳酪饮品下降16%、婴幼儿配方奶粉下降8%（中国奶业年鉴，2009）。2009年，国产婴幼儿配方奶市场占有率急剧下降至50%，与2007年相比，降低了25个百分点。已有研究基于微观调查数据表明，进口品牌婴幼儿配方奶粉的消费相对于国产品牌有明显优势，超过一半的消费者会选择消费进口品牌的婴幼儿配方奶粉，仅有1/4的消费者会选择消费国产品牌婴幼儿配方奶粉（程培堽等，2009；钱贵霞等，2014）。随着时间的推移，消费者对于国产乳制品的安全问题还有很多焦虑和关切，购买意愿也未能得到有效恢复（周应恒等，2010），尤其家庭中有小孩的消费者以及石家庄市的消费者不容易实现奶粉的购买恢复，这与“三聚氰胺事件”最初源于婴幼儿的奶粉中毒和三鹿集团厂址位于石家庄市有关（全世文等，2011；王志刚等，2013），消费者信赖国外乳品品质的心理还在延续，仍有少数消费者“不敢喝”“不愿喝”国产奶。

贸易：奶粉进口年末激增，冲击国内市场 2008年奶粉进出口形势波动非常大，“三聚氰胺事件”发生前，从2008年3月开始，我国奶粉进口量连续5个月同比下降，8月同比开始上升，9月环比开始上升。事件前的进口颓势导致1月至11月进口总量同比仍然下降，在12月单月进口1.91万吨，达到2007年以来的最高值，使得全年进口数量同比增长2.9%（中国奶业年鉴，2009），其中，奶粉进口量为10.1万吨，同比增长2.88%，远远超过预测值（张薇等，2011），而国产奶粉出现大量积压，国产奶粉企业库存已达30万吨。“三聚氰胺事件”所导致的信任危机仍在持续，已有微观数据结果显示：2009—2013年，由于“三聚氰胺事件”导致的中国人均乳制品进口额的增量分别占当年人均乳制品进口额的32.86%、61.06%、55.15%、58.83%和72.92%（郑义等，2015）。除此之外，日本、孟加拉国、越南、坦桑尼亚等多个亚非国家和地区开始全面或部分禁止从中国进口乳制品，欧盟和美国也采取行动限制中国的乳制品进口（李胜利等，2010）。

（三）奶业转型发展的历史必然性与迫切性

居民对乳品质量安全提出更高要求 自2008年“三聚氰胺事件”后，乳品质量与安全始终是悬在奶业上的“达摩克利斯之剑”。随着我国奶业的快速发展以及人们生活水平的提高，消费者对乳制品的需求日益增加，同时也对乳制品的质量安全提出了更高、更新的要求。已有微观研究对不同地区消费者安全液态奶的支付意愿进行调查，分析发现呼和浩特市与和林格尔县的消费者愿意为安全液态奶多支付29.3%的价格（赵元凤等，2011），北京、天津、石家庄三地消费者对于安全液态奶的支付溢价为19.7%～23.4%（王志刚等，2014）。随着收入增加，城市家庭更愿意为牛奶安全支付更高的溢价（Cheng等，2015），同时消费者还愿意为优质乳制品和经过安全认证的乳制品支付比普通乳品高14.8%和29.0%的价格（李秉龙等，2008；张彩萍等，2014）。

奶牛生产技术仍需进一步提质增效 目前中国奶牛养殖业虽然完成了数量发展的快速增长期，然而中国的奶业基础薄弱、起点低，奶牛养殖还存在一些亟待解决的问题：首先，规模化养殖比例低，2010年全国100头存栏以上的规模牧场仅占1/3，年单产产奶水平较低，约为5吨/头（王丁棉等，2013），奶牛养殖“小”“散”“低”的局面尚未得到扭转，管理难度大、原奶质量不易控制、生产效率难以有效提高。其次，优质牧草缺乏，奶牛养殖与饲草种植始终没能有效衔接，养殖饲料主要依靠精饲料的投入，粗饲料来源于农作物秸秆，这样既不符合以粗饲料为主的反刍家畜对饲料结构的要求，也不满足奶牛对粗饲料营养的需求，过多依赖精饲料投入造成奶牛营养代谢发病率高。中国奶牛单产水平低是我国奶业长期以来存在的问题，我国的荷斯坦牛的年平均产奶水平为3400公斤左右，而发达国家平均单产在6000公斤以上，以色列、美国和日本年平均单产在8200公斤以上，差距极大，这也正反映了养殖水平、饲料水平以及管理水平的差距（穆怀彬等，2011）。

国际环境对奶业转型提出迫切要求 自2001年中国加入WTO以来，中国奶类产品对外开放程度不断扩大，目前中国奶类产品在多边和双边协定中均处于较高开放水平。由于资源禀赋劣势，高水平开放给中国奶业带来巨大压力，这对奶业转型提出迫切要求。2008年、2015年中国—新西兰自贸协定和中国—澳大利亚自贸协定分别签订，随着乳制品关税逐渐降为零，中国从澳大利亚、新西兰进口乳制品数量随之增加（徐雅楠等，2019）。由于这些国家牛奶生产成本低，增产潜力巨大，从长期趋势看，大量低价乳制品将充斥中国市场，必将对国内乳品生产企业和奶牛养殖业造成一定损害（王惠惠等，2016；何向育等，2017）。因此，为应对进口乳制品的冲击，保护国内乳制品企业和奶牛养殖业的发展，应加强对进口乳制品的关税调控（刘玉满等，2009），不断提高本国乳制品生产力，增强竞争力。

二、奶业转型发展经验与成效

2008年是我国奶业发展的重大转折之年，受“三聚氰胺事件”影响，人们对国产奶消费信心急剧下降，进口奶乘机快速进入我国市场，内外交困促使国内奶业进入全面结构性调整。痛定思痛，浴火重生，经过8年的艰苦努力，我国奶业实现了跨越式发展，乳品质量安全水平处于历史最好时期，民族奶业振兴的宏伟画卷徐徐展开。

(一) 发展经验

多部门持续推出奶业政策，奶业扶持项目保障有力 2008—2016年，国家持续出台涉及奶业全局规划、乳品治理安全、婴幼儿配方乳粉质量安全等一系列奶业支持政策，为全面实现奶业振兴提供了强有力的制度保障(见表2-1)。2008年10月，国务院办公厅出台我国奶业第一部法规《乳品质量安全监督管理条例》，从此拉开了加强顶层设计、全面整顿奶业的序幕。该法规对设立奶畜养殖场、养殖小区，建设生鲜乳收购站提出了准入要求和操作规范，明确规定了各级各部门的监督职权和责任，以及较为严格的法律责任和处罚措施。同月，发改委等13个部委联合出台《奶业整顿和振兴规划纲要》，为做好婴幼儿奶粉事件处置工作，解决奶业面临的困难和深层次问题，促进奶业稳定健康发展，提出全面加强质量监管。随后一系列政策文件连续对生鲜乳生产、收购、运输及监督检测明确规范。2009年6月1日还颁布了《中华人民共和国食品安全法》，对“三聚氰胺事件”暴露

表2-1　　2008—2016年中国奶业相关政策

时间	政策法规名称	内容
2008年9月	关于开展全国奶站专项整治行动的通知	一是严厉打击、坚决杜绝添加三聚氰胺等有毒有害化学物质的现象以及各种掺杂使假的违法行为。二是摸清奶站的现状，将奶站100%纳入监督管理范围，规范奶站经营秩序，提升奶站整体素质，切实提高生鲜奶质量水平
2008年10月	乳品质量安全监督管理条例	对设立奶畜养殖场、养殖小区，建设生鲜乳收购站提出了准入要求和操作规范，提高了准入条件。明确规定了各级各部门的监督职权和责任，以及较为严格的法律责任和处罚措施
2008年10月	生鲜乳生产技术规程（试行）	生鲜乳生产环节质量控制与乳品质量安全紧密相关，进一步规范生鲜乳生产，推进标准化规模养殖，提高生鲜乳质量安全水平
2008年11月	奶业整顿和振兴规划纲要	为做好婴幼儿奶粉事件处置工作，解决奶业面临的困难和深层次问题，促进奶业稳定健康发展，提出全面加强质量监管
2008年10月	乳制品行业整顿和规范工作方案	加强企业奶源基地建设、原辅料进厂、生产加工、储藏运输、产品出厂过程的质量管理，建立健全产品质量保证体系、产品信息管理和质量监控体系、企业社会责任和诚信体系，通过实施行业整顿和规范，确保企业生产的乳制品符合质量安全要求，行业整体生产恢复到正常水平
2008年11月	生鲜乳生产收购管理办法	为加强生鲜乳生产收购管理，保证生鲜乳质量安全，促进奶业健康发展
2009年3月	生鲜乳收购站标准化管理技术规范	进一步加强生鲜乳收购站标准化管理，提高生鲜乳质量安全水平
2009年4月	关于加强生鲜乳品抗生素残留量管理的公告	针对少数乳品企业宣称生产“无抗奶”，误导消费者，严重扰乱乳品生产经营秩序现象，提出确保乳品质量安全，规范乳品生产经营活动
2010年6月	全国奶业发展规划（2009—2013年）	针对乳品质量安全监管薄弱、保障体系不健全、监管力量不足等问题，把保障乳品质量安全放在优先地位，坚定不移推进乳品行业清理整顿，全面加强以质量安全为核心的制度建设，消除产业链各环节的监管漏洞

续表

时间	政策法规名称	内容
2010年9月	关于进一步加强乳品质量安全工作的通知	文件指出严把生产经营许可关、强化检验检测和监测评估、完善乳品追溯制度、强化婴幼儿配方乳粉监管、加大对非法生产经营乳品行为的打击惩处力度、严格落实乳品质量安全各方责任
2011年4月	生鲜乳生产收购记录和进货查验制度	为加强生鲜乳质量安全监管，增强生鲜乳质量安全的可追溯性，提高奶畜养殖者、生鲜乳收购者等第一责任者意识
2011年4月	生鲜乳质量安全异地抽检制度	为加强生鲜乳质量安全监督管理，提高抽检成效，保障生鲜乳质量安全，依法对生产、收购、运输的生鲜乳进行异地随机抽样和检验，并对抽查结果公布和处理，监督生鲜乳质量
2011年4月	全国奶畜养殖和生鲜乳收购运输监督抽检方案	加大生鲜乳和奶畜饲料抽检覆盖面和频次，强化监督抽检和执法联动，依法严厉打击奶畜养殖、生鲜乳收购和运输环节违法添加三聚氰胺等违禁添加物的行为，增强生鲜乳和奶畜饲料质量安全风险防范能力，提高生鲜乳质量安全水平
2011年4月	关于奶畜养殖和生鲜乳收购运输环节违法行为依法从重处罚的规定	加大对奶畜养殖和生鲜乳收购运输环节违法行为的惩处力度，切实保障生鲜乳质量安全
2011年4月	关于三聚氰胺在食品中的限量值的公告	在总结乳与乳制品中三聚氰胺临时管理限量值公告（2008年第25号公告）实施情况基础上，考虑到国际食品法典委员会已提出食品中三聚氰胺限量标准，特制定我国三聚氰胺在食品中的限量值，1000克婴幼儿配方乳粉中允许存在1毫克三聚氰胺
2011年11月	生鲜乳收购站质量安全“黑名单”制度（试行）	实施生鲜乳收购站质量安全“黑名单”制度，推进生鲜乳收购站标准化建设和诚信体系建设，保障生鲜乳质量安全
2013年6月	关于进一步加强婴幼儿配方乳粉质量安全工作意见的通知	为切实保障婴幼儿配方乳粉质量安全，进一步加强婴幼儿配方乳粉质量安全工作，文件指出参照药品管理办法严格管理婴幼儿配方乳粉生产、落实企业首负责任、强化监督监管、加大打击惩处力度、建立社会监督机制

续表

时间	政策法规名称	内容
2013年10月	关于加强婴幼儿配方乳粉奶源建设和奶站监管的通知	婴幼儿配方乳粉奶源质量安全，事关婴幼儿健康成长，事关国家未来发展，监管责任重大。指出加强奶源监管责任落实、加强奶站和运输车监管、加强生鲜乳质量安全监测
2013年12月	婴幼儿配方乳粉生产许可审查细则（2013版）	新细则重点对婴幼儿配方乳粉生产企业的原辅料把关、产品配方管理、生产工艺、过程控制等9个方面的内容进行了重新规定，提出了新的更高要求
2014年6月	推动婴幼儿配方乳粉企业兼并重组工作方案	进一步规范市场秩序，推动企业兼并重组，优化产业结构，提升质量效益，促进婴幼儿配方乳粉产业健康发展

注：根据历年相关政策文件整理

出的多项问题进行了修订，并于2015年重新进行修订，成为史上最严的食品安全法。一批批重要法规文件促使奶业发展逐步走上了有法可依和规范化管理的轨道，为奶业持续健康发展构建了长效机制。

2008年以来，国家还不断加大对奶业生产的资金扶持力度，经历了重良种（2005—2008年）、重规模（2008—2012年）和重饲草（2012—2015年）三个过程（刘浩等，2020）。2008年国家良种补贴资金由1500万元增加至2.6亿元，经过十几年的发展，良种问题基本解决，该政策于2016年取消。在产业转型的开始阶段，政策的着力点是推动规模化，2008年出台奶牛标准化规模养殖政策，对100头以上的规模养殖场进行补贴，2009年项目资金从2亿元提升至5亿元，2013年提升至10亿元。在产业转型升级的深入阶段，政策的着力点是发展优质饲草产业，2012年农业部和财政部共同启动实施“振兴奶业苜蓿发展行动”，中央财政每年安排3亿元，用于建设50万亩高产优质苜蓿生产基地，促进草畜配套，从源头提高乳品质量水平。2012年，全国12个优势产区苜蓿种植面积达到23.83万公顷[①]，比2011年增加1.5万公顷，商品苜蓿草产量达到50多万吨，同比增长150%，从根本上保证奶源优质化和质量安全（聂迎利，2013）。国家一系列扶持项目的实施，为加快奶业发展方式转变提供了保障，也成为奶业行业方向调整和转型升级的关键。

完善乳品行业监管体制，完善现有乳品国家标准　自2009年实施《中华人民共和国食品安全法》以来，我国针对乳制品质量安全进一步制定了一系列从严监管的制度措施，包括原料把控、过程监管、产品配方、质量要求、安全追溯等内容，涵盖了从生产到销售全过程、全链条、全内容的监管体系。具体来看，我国乳品行业的监管分为强制监管和自律监管两部分（见表2-2）。2008年10月发布的《乳品质量安全监督管理条例》已进一步明确分段管理体制，涉及畜牧、质检、工商、食药、卫生等部门。中国奶业协会和中国乳制品工业协会两大协会则是对乳制品行业进行自律性规范管理，主要从事制定并监督执行行规行约、收集并发布行业信息，维护公平竞争等工作。过程监管长期以来是监督管理工作的薄弱环节，国家食品药品监督管理总局开展了从体系检查到飞行检查再到基层一线监督管理的日常检查，不断完善过程监管的检查体系。从2014年底开始，以问题为导向，对检出不合格产品的婴幼儿配方乳粉生产企业开展了食品安全生产规范性体系检查；2016年以预防为原则，在婴幼儿配方乳粉

① 1公顷=10000平方米。

表2-2　我国乳品行业强制监管和自律监管

类型	部门	职责
强制监管	畜牧部门	奶畜饲养和生鲜乳生产、收购
	质检部门	乳制品生产、乳品进出口
	工商部门	乳制品销售
	食药部门	乳制品餐饮服务
	卫生部门	乳品管理综合协调，查处重大事故，组织制定乳品国家标准
自律监管	中国奶业协会	侧重于管理奶牛养殖牧场及其相关的乳品加工企业
	中国乳制品工业协会	侧重于管理乳品加工企业

注：根据《乳品质量安全监督管理条例》整理

生产企业全面推进了体系检查（张靖，2017）。

频发的乳品安全问题让人们对中国奶业未来的发展忧心忡忡，国务院颁布的《乳品质量安全监督管理条例》和发改委等部门发布的《奶业整顿和振兴规划纲要》均要求用1年左右的时间完善乳品安全国家标准。2008年底，新的乳品安全国家标准的修订工作启动，2010年2月，第一届食品安全国家标准审评委员会审议通过了66项乳品安全国家标准，并于2010年3月26日由卫生部批准公布。针对乳品安全国家标准基本解决现行乳品标准的矛盾、重复、交叉和指标设置不科学等问题，进一步完善乳品安全国家标准，新公布的66项乳品安全国家标准包括乳品产品标准15项、生产规范2项、检验方法标准49项。其中，蛋白质限量值从每百克含2.95克降低到2.8克，这比美国高0.8%，比欧盟低0.1%，比澳大利亚、新西兰低0.7%；菌落总数限量值从每毫升50万提高到200万，比美国、欧盟高20倍，比加拿大高40

倍，比澳大利亚、新西兰高80倍，社会各界对此存在较大争议。有观点认为："《生乳（GB 19301–2010）》标准的降低使得生乳进入乳品加工企业的门槛降低，整个行业的产品将集体陷入低水平的困境，不利于行业的转型与升级，同时会增加消费者对乳品的不信任，对于奶业其实是一种潜在的危机（穆怀彬等，2011）。"也有观点认为：从数字上看，乳业标准的确是"大倒退"，然而，按照"全面质量安全观"的理解，新国标并非完全"失败"（钟真等，2012）。不同国家的乳业标准中的蛋白质指标限量值差异较大，由于蛋白质含量与饲料结构和饲料质量有着重要的关系，当时我国奶牛饲养中粗饲料结构单一，优质饲草饲喂率低；另外，我国大部分的奶牛在5月至9月进入泌乳高峰期，天气炎热导致夏季生乳蛋白质含量略低于其他季节。因此，新国标将蛋白质指标设置为2.8 g/100 g符合我国当时生乳生产实际，是恰当合理的。而菌落总数限量值也切实反映了我国当时奶牛养殖水平、机械化挤奶水平等乳业综合生产力与发达国家之间的差距（谷美等，2019）。总体来看，修订后的新标准使指标设置更科学、更合理、更符合生产实际，形成了统一的乳制品安全国家标准体系。

规范奶站建设管理，实施质量安全监测 "三聚氰胺事件"后，各级农业和畜牧兽医部门全面深入开展奶站、饲料专项整治行动，积极保护奶农利益。2008年下半年，按照国务院要求，农业部依法开展了奶站清理整顿工作，推进生鲜乳收购站标准化管理。通过全面清查奶站底数，加强奶站许可管理，推进奶站标准化建设，坚决取缔不合格奶站，规范生鲜乳生产经营秩序。截至2009年4月20日，中国奶站清理整顿全面完成，成效明显，

13503个奶站全部纳入监管，比清理整顿前减少6890个，减幅达34%，生鲜乳生产经营秩序明显规范，质量安全水平显著提高，奶站标准化建设和规范化管理迈上新台阶。全国所有奶站按照《乳品质量安全监督管理条例》的要求，由乳制品生产企业、奶畜养殖场和奶农合作社3类合法主体开办，持证收购经营。

检验检测是生鲜乳质量安全监管的有效手段，对保障生鲜乳质量安全有重要意义。目前，我国已初步建立了部省级生鲜乳质量安全检验检测体系，如部级食品质量安全检测中心、农产品质量安全监测中心、畜禽产品检测中心以及省级饲料、兽药、农产品、畜产品检测机构都是该体系中的组成部分，承担着全国生鲜乳质量安全监测任务（郭利亚等，2012）。为加强生鲜乳质量安全监管，农业部于2009年起开始实施"生鲜乳质量安全监测计划"，已实现奶站监管和生鲜乳监测两个"全覆盖"，通过专项监测、飞行抽检、异地抽检、隐患排查等手段，以奶站和运输车为重点检查对象（郭利亚，2013），检测范围包括营养物质、安全指标及违禁添加物，2009—2016年累计抽检生鲜乳样品174.8万批次，保持生鲜乳监管执法高压态势，坚决制止和严厉打击了各种违法添加行为。从2009年起，农业部奶及奶制品质量监督检验测试中心连续带领全国43家质检机构实施全国生鲜乳质量安全监测计划，以奶站和运输车监管为重点，实现生鲜乳质量安全抽检两个"全覆盖"，即抽检覆盖全国所有奶站，检测指标覆盖所有违禁添加物，构建起奶业全产业链监管体系。为提升国产奶品质、打造国产奶竞争优势，2016年在农业部以及国家农业科技创新联盟领导下，中国农业科学院发起成立国家奶业科技创新联盟，推动实施国家优质乳工程。

国家食品药品监督管理总局构建了食品安全监督抽检计划，涵盖30多个种类，其中1/3的经费用于监测乳制品，保障终端乳制品质量安全。在全国范围内组织开展乳制品抽检工作，对婴幼儿配方乳粉抽检坚持市场买样、异地抽样、轮流检验、及时公布的原则，确保抽检的准确性、公正性，并实施了月月抽检、月月公布制度，持续加大抽检的力度，初步构建了比较完善的乳品质量安全监测体系。从信息披露制度看，监管部门对乳品质量信息披露逐步走向公开、透明，农业部联合国家食品药品监督管理总局等单位于2016年首次发布《中国奶业质量报告》，向社会介绍我国乳品质量的监管情况，披露乳品质量安全的监测的相关信息。

（二）主要成效

“三聚氰胺事件”之后，中国的奶业痛定思痛、卧薪尝胆，在过去的8年间，我国奶业综合素质持续增强，生鲜乳质量安全水平稳步提高。2016年，我国首份奶业质量报告《中国奶业质量报告（2016）》发布，报告显示我国奶业质量安全水平大幅提升，三聚氰胺等违禁添加物检测合格率连续7年保持100%，2015年全国乳制品抽检合格率达到99.5%，质量安全风险处于受控范围内，国内奶业生产和乳品质量安全正处于历史最好时期，乳制品抽检合格率远高于我国其他食品，可以说乳制品已经成为我国最安全的食品之一。具体成效如下。

奶业生产总体稳步增长，标准化规模养殖水平不断提高

2009—2016年，中国奶业生产水平、生产方式都有大幅提高，奶业生产总体向好发展。从生产水平来看，2009年牛奶总产量为2995.1万吨，较2008年产量下降0.51%。之后，牛奶总产量逐年增加，到2012年增至3174.9万吨，较2009年总产量增加6.00%。由于我国国内持续高温，导致2013年牛奶总产量出现下降，减少至3000.8万吨，较2012年总产量下降5.48%（乔光华等，2019）。之后两年，牛奶总产量逐年增加，2015年为3179.8万吨，较2013年增加5.97%。此后，2016年牛奶总产量出现下滑，较2015年产量下降3.64%，为3064.0万吨。从生产方式来看，奶牛养殖规模化趋势明显。在政策因素、消费市场低迷以及产业内部的歧视性因素的共同作用下，2008年以后，奶牛养殖呈现散养户加速退出、大规模养殖的存栏数占比大幅增加等趋势（韩磊等，2019）。据监测，2008年我国奶牛百头以上规模化养殖比重仅为19.5%，到2015年，全国奶牛规模养殖比重接近50%（见图2-1）。另外，全株青贮饲料快速普及，据国家奶牛产业技术体系对800家规模牧场调查，2016年奶牛青贮玉米使用量3500万吨，全株玉米青贮使用率达88.2%以上，我国奶牛粗饲料基本完成了从黄贮到全株玉米青贮的转变。

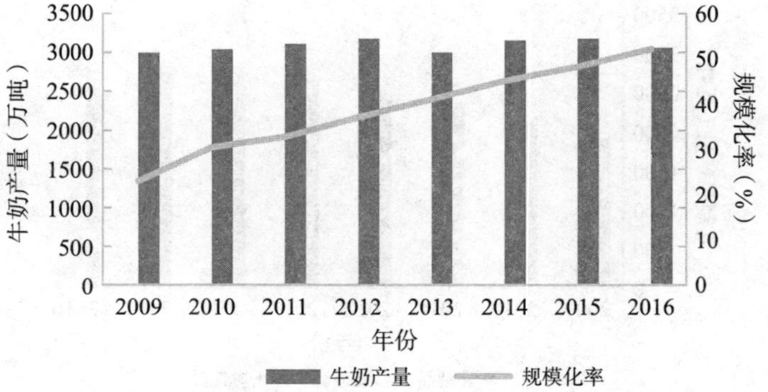

图2-1　2009—2016年我国牛奶产量、规模化率

数据来源：规模化率来自《中国奶业年鉴》；牛奶产量来自国家统计局

乳制品生产出现恢复性增长，乳品加工行业集中度不断提高乳制品生产出现恢复性增长体现在以下三个方面：乳制品生产量增长、乳品行业盈利能力提升、乳制品加工行业集中度不断提高。第一，2008年9月至12月连续四个月乳制品产量同比增长连续下降，从2009年开始乳制品产量逐步增加，奶业进入稳步恢复状态。2009年全国规模以上乳制品企业共生产乳制品（包括液态奶和干乳制品）1935.12万吨，同比增长12.88%，其中，液态奶1641.64万吨，同比增长13.49%；干乳制品29347万吨，同比增长9.56%；奶粉产量从2009年开始统计，产量111.70万吨，同比增长11.10%（见图2-2）。第二，乳品行业恢复超出预期，行业盈利能力也大幅提升。根据国家统计局的统计，2009年全国803家规模以上乳制品企业共实现工业产值1668.11亿元，同比增长11.9%；销售收入1623.17亿元，同比增长13.43%；利润总额104.56亿元，同比增长159.38%。2016年，我国规模以上乳制品加工企业销售总额3503.9亿元，同比增长5.3%；利润总额259.9亿元，同比增长7.50%。从省份来看，2018年利润总

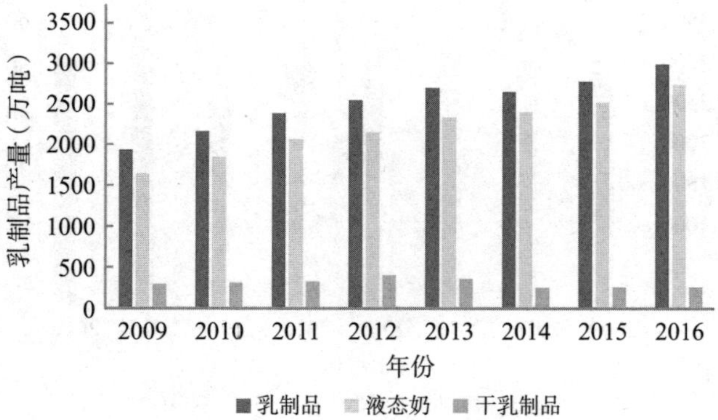

图2-2　2009—2018年中国乳制品产量

数据来源：国家统计局

额倒数第一的内蒙古，2009年上升到正数第二位，由此表明，在伊利、蒙牛的带动下，内蒙古乳业强劲复苏；“三聚氰胺事件”发源地和重灾区河北，其排名也上升到第六位。第三，中国乳制品加工行业集中度不断提高。国家统计局数据显示，截至2016年末，中国规模以上乳制品加工企业（年销售额2000万元以上）627家，比2008年减少100余家。企业数量的减少，意味着市场集中度有所提高，市场份额开始转向品牌知名度高、实力强、规模效益显著的大企业。特别是一些大型乳品企业通过资产重组、兼并收购等方式，扩大了规模，加强了对奶源以及销售渠道的控制。

居民人均奶类消费持续增长，城乡奶类消费差距逐渐缩小 2016年，全国奶类产量3173.90万吨，包装奶、大包粉等各种奶制品净进口折原奶量1273.29万吨，全年奶类表观消费量达到4447.2万吨，人均奶类消费量为32.3公斤，与2009年的27.1公斤相比，年均增速将至2.5%。从住户统计数据看，2016年中国城乡居民人均奶类消费量分别为16.5公斤、6.6公斤，消费差距逐渐缩小，比值从2009年的4.4∶1降至2016年的2.5∶1。2016年，农村居民人均奶类消费量约占城镇居民消费量的40%，显著高于2009年24.1%的比例（见表2-3）。其主要原因在于：2008年之后，一方面，受“三聚氰胺事件”影响，奶类消费由城镇向农村转移；另一方面，农村人均奶类消费增长较快，因此两者消费差距明显缩小。

奶及奶制品质量安全水平稳步提高，主要指标达到发达国家水平 奶业全产业链质量安全监管体系不断完善，从产品的角度来看，2016年，国家食品安全监督抽检食品样品257449批次，

表2-3 中国居民人均奶类消费量

（单位：公斤/人）

年份	全体居民人均表观消费量	全体居民人均住户消费量	城镇居民人均住户消费量	农村居民人均住户消费量
2009	27.1	9.1	14.9	3.6
2010	28.3	8.8	14.0	3.6
2011	29.3	9.5	13.7	5.2
2012	30.6	9.8	14.0	5.3
2013	31.3	11.8	17.1	5.7
2014	33.6	12.8	18.1	6.4
2015	32.0	12.4	17.1	6.3
2016	32.3	12.3	16.5	6.6

数据来源：历年《中国住户调查年鉴》

其中合格食品样品249166批次，合格率为96.8%，不合格率为3.2%。抽检乳制品样品3318批次，其中合格产品3303批次，合格率为99.5%，不合格率为0.5%，可见，乳制品抽检合格率远高于食品抽检合格率（见表2-4）。2016年，我国进一步加大了婴幼儿配方乳粉监督抽检力度。国家食品药品监督管理总局对所有婴幼儿配方乳粉生产企业，进行全覆盖监督抽检，并坚持月月抽检、月月公布，共抽检婴幼儿配方乳粉2532批次，抽检合格率为98.7%（中国奶业质量报告，2017）。体细胞和菌落总数是衡量牛奶质量好与坏的重要指标，经过8年“生鲜乳质量安全监测计划”的实施，农业部奶及奶制品质量监督检验测试中心（北京）持续跟踪监测结果表明，截至2016年，累计抽检生鲜乳样品17.8万批次，检测指标包括违法添加物理化和微生物指标等10余项。生鲜乳抽检结果显示，三聚氰胺等违法添加物合格率连续多年保持在100%；乳蛋白和乳脂肪平均值分别达到3.22 g/100 g和3.87 g/100 g，菌落总数平均值降至25万CFU/mL，体细胞数平均值为59.2万个/mL，主要质量卫生指标达到了发达国家水平。

表2-4　　2016年乳制品与食品抽检合格率对比

抽样	食品	乳制品	婴幼儿配方乳粉
抽样批次	257449	3318	2532
合格批次	249166	3303	2500
合格比例（%）	96.8	99.5	98.7

数据来源：国家食品药品监督管理总局

三、奶业转型发展问题与需求

（一）面临问题

我国奶源自给率持续下降　奶源自给率是衡量奶业能否持续健康发展的重要指标，我国奶源自给率已经从2008年的92.77%持续下降到2016年的71.37%（见图2-3）。受2008年国际金融危机影响，美国、欧盟等国家或地区乳品消费明显下降，而在前几年乳品价格疯涨的刺激下，世界乳品供给增加，从而造成世界乳品市场价格大幅下滑。在这样的形势下，一方面中国企业扩大从国外采购乳品原料的规模，另一方面国际乳品企业也加大对华的宣传和促销力度，抢占中国市场。“三聚氰胺事件”后，国内原料奶生产和加工企业面临的产品滞销、积压、库存增加等问题还没有得到解决，进口乳品的大举入市无疑是“雪上加霜”（王莉等，2009）。

奶牛养殖成本刚性增加　随着城镇化、工业化的推进，土

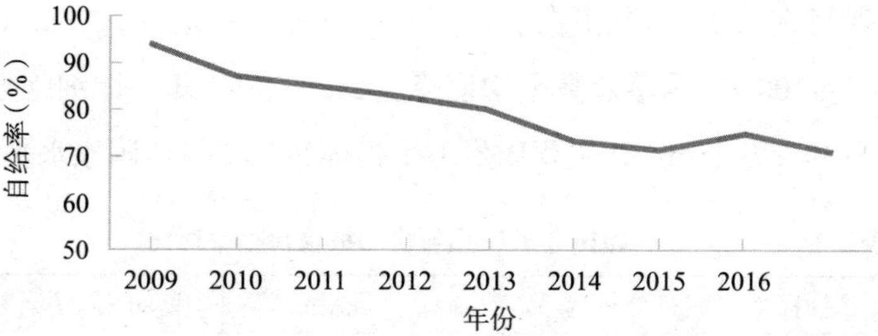

图2-3　2009—2016年中国奶源自给率

地、人工、投入品等农业生产资料成本逐步提高，奶牛养殖成本随之增加，与国外差距越来越大。从土地角度来看，我国土地资源禀赋不足是奶牛养殖成本增加的重要原因。一般饲养一头奶牛需要3～5亩[①]饲草饲料地，规模养殖企业或养殖场户大部分没有充足的耕地，流转一亩土地每年需要缴费500～1000元，折合每头牛每年3000元左右。如果不流转土地种植饲草饲料，依靠市场采购价格相对较高。除此之外，我国奶牛养殖以舍饲为主，投入成本比新西兰、澳大利亚的放牧式生产高80%左右，比欧美的半舍饲式生产高40%左右。从投入品来看，在我国奶牛养殖成本中，苜蓿成本约占饲料成本的13%（王玉庭等，2018），大量进口苜蓿干草增加了奶牛养殖成本，降低了奶业竞争力。特别是中美贸易摩擦以来，进口苜蓿价格每吨提高600～800元，带动饲料日成本大幅上涨3%，也导致苜蓿干草进口货源不稳定、成本上升、汇率增加等贸易风险，造成奶牛养殖业波动。同时面临环保压力，国内养殖场在粪污处理上的投入成本也明显增加。受上述养殖成本刚性上涨的推动，2009年

① 1亩≈666.7平方米。

以来我国生鲜乳生产成本不断上升，到2016年，散养农户、小规模、中规模、大规模牛奶生产总成本年均增长分别为6.12%、5.67%、4.99%、2.68%（见表2-5）。

表2-5　2009—2016年我国不同规模牛奶生产成本

（单位：元/公斤）

年份	小规模10＜头数≤50			中规模50＜头数≤500			大规模头数＞500		
	总成本	生产成本	土地成本	总成本	生产成本	土地成本	总成本	生产成本	土地成本
2009	1.89	1.88	0.005	2.14	2.13	0.008	2.31	2.31	0.006
2010	2.07	2.06	0.005	2.47	2.46	0.009	2.81	2.80	0.004
2011	2.25	2.24	0.006	2.64	2.63	0.009	2.83	2.83	0.009
2012	2.56	2.56	0.008	2.88	2.87	0.010	3.71	3.71	0.005
2013	2.69	2.68	0.008	2.99	2.99	0.009	3.33	3.32	0.012
2014	2.85	2.84	0.008	3.23	3.22	0.013	3.44	3.42	0.011
2015	2.78	2.77	0.008	3.03	3.02	0.012	3.31	3.30	0.009
2016	2.78	2.77	0.008	3.01	3.00	0.012	2.78	2.77	0.008
年均增长率（%）	5.67	5.69	6.94	4.99	5.01	5.96	2.68	2.63	4.20

数据来源：历年《全国农产品成本收益资料汇编》

牛奶营养品质不高　2010年，我国奶业发展出现了高成本、高奶价、高进口等新趋势，纵观国际上奶业发达国家的发展历程，在不断完善的法律制度下，乳制品加工企业成为引导奶业向优质、高效、安全、环保方向发展的主要贡献者，优质、安全和廉价的乳制品已经成为国民普遍享受的日常消费品。乳制品加工企业通过生产优质乳制品赢得消费者的青睐，通过优质优价来引导原料奶质量的提升，奶农也愿意投入更多成本，生产优质原料奶。但在中国这个良性循环还未形成，反而出现了液态奶过度热加工的现象，造成牛奶营养品质不高（王加启，2011）。液态奶的过度热加工，不仅严重阻碍了我国原料奶质量的提高，而且还有更长远的风险。巴氏杀菌乳和超高温灭菌乳两者之间的营养成分差异很大（顾佳升，2005；杨怀谷等，2016）。按照乳制品中营养成分和生物活性成分含量“双高”来定义优质乳，目前唯有巴氏杀菌乳名副其实，而且巴氏杀菌乳保质期越短，其优质化程度越高。与超高温灭菌乳相比，巴氏杀菌乳无论是牛奶的活性蛋白质，还是重要的营养成分，热加工造成的损失都少得多，加工的热能消耗也低得多。基于这样一个道理，世界上奶业发达国家都走过了一条共同的道路，那就是在液态奶中巴氏杀菌乳占有绝对主导地位。但在我国，由于20世纪80年代奶资源生产水平仍较为低下，乳品销售以奶粉为主，少量瓶装巴氏奶集中在上海、北京等人口密集的一二线城市（宋亮，2018）。1997年，伊利集团与利乐公司合作，首次在中国引进超高温灭菌乳加工工艺和利乐无菌包装设备（王宁宁，2003），乳制品保质期长，企业则不愁销路，但对真正优质的低温巴氏奶，企业对于在市场上大批量投放低温奶十分谨慎，因为保质期仅为数周甚至更短，售不出即变质，市场风险大，消费拉动乏力，因此国内乳制品市场供给逐步形成了以超高温灭菌乳为主的消费结构。

产业链利益联结机制不完善 “三聚氰胺事件”后，农业部狠下功夫对全国奶站进行了清理整顿，但是如何在保证对奶农合理收购原料奶的基础上保证原料奶的质量、如何建立合理的原料奶价格形成机制，这些都是重要的现实问题。相比于奶业发达国家“养牛、收奶、加工、销售”一体化的发展模式，我国奶业虽逐步建立了完整的产业链条，却没有形成合理的利益分配机制。下游乳企高度集中，完全处于市场优势地位，全面掌控了生鲜乳收购数量、质量等级和价格等方面的决定权。而上游的养殖环节多而散，处于市场弱势地位。奶农高度依附于乳企，在生鲜乳收购过程中，对收购数量、质量、价格等方面缺乏谈判筹码。同时，在投入品的选择上也不具有绝对自主权，生鲜乳限收、拒收、压级压价以及搭售、摊派投入品等行为时有发生（于海龙等，2011；韩磊等，2019）。具体体现在：首先，乳企与奶农间价格联结机制不完善。我国乳制品市场零售价格与生鲜乳收购价格的比值远高于国际奶业发达国家。2011年初，我国鲜奶与生鲜乳价格之比为2.2∶1左右，与美国基本持平；之后开始波动上涨，从2012年初的接近3∶1小幅回落到2013年底的2.5∶1；2014年以来大幅上涨，目前我国鲜牛奶与生鲜乳价格之比为3.25∶1，明显高于同期美国的2.14∶1和英国的2.23∶1。其次，乳企与奶农间风险机制不均衡。乳企与奶农之间契约关系较为松散，缺乏风险共担机制。一方面，上游奶农负责养牛产奶，饲草料成本上涨、疫病防控、质量安全、环境保护等一系列生产风险均由奶农承担。另一方面，随着国内乳品市场竞争日趋激烈，乳企纷纷通过压低收购价格来降低产品成本，尤其在乳品消费淡季，乳企往往通过限收、拒收以及降价等手段，转嫁乳品市场风险。此外，奶农还承受着质量安全风险。乳制品从牧场到餐桌，要经过养殖、采购、生产加工、运输配送及市场销售等诸多环节，任何环节都存在质量安全风险。但当质量安全事件发生后，奶农作为乳制品生产的源头，最终往往难以避免地背起“罪魁祸首”的黑锅。

（二）发展需求

消费需求增长空间大 目前，我国人均奶类消费量连世界人均水平的1/3还不到，离每人每天300克奶的目标距离更远（王丁棉等，2013）。2012年，党的十八大会议上提出“努力提高人民健康水平”和“到2020年城乡居民人均收入比2010年翻一番”。因此，人民的生活水平及其购买力有大幅提升，对牛奶的消费有较大的拉动，市场需求空间大。2015年社科院蓝皮书调查数据表明：北京中间阶层规模比例大约是55.0%，上海大约是51.0%，广州大约是42.5%。中间阶层这类群体还在不断扩大，是推动社会消费进步的巨大动力，随着居民可支配收入提升，乳品消费能力也将进一步增强。根据农业农村部食物与营养发展研究所动物食物与营养政策中心测算，2035年人均奶类消费将达到56公斤，与当前的38.6公斤相比，人均消费需求要增长17.4公斤，按我国总人口14.5亿计，届时奶类消费总需求将达到8210万吨，需求增长空间很大。

奶业发展转向节本增效 受2008年“三聚氰胺事件”影响，2009—2016年，大批的小规模养殖户甚至是大部分中小规模牧场都被淘汰出局，取而代之的是大规模的工厂化养殖，这种商业化大牧场虽然确保了奶源质量安全水平得到显著提升，但是在农民就业增收、产业规模扩张、粪污处理方式、降低生产成本、提高动物福利等方面都增加了很大难度。全国畜牧业、节粮型畜牧业和现代农业发展规划更提出主动减缓奶业发展步调，不再追求21世纪初奶业在数量上的高速增长，转而更加注重奶业发展的质量和内涵，更加注重奶业发展的产业基础、科技支撑和环保生态，聚集奶业持续健康发展强劲动力（郭利亚等，2013）。《全国奶业发展规划（2016—2020年）》也提出要坚持创新、协调、绿色、开放、共享的新发展理念，以市场需求为导向，以优质安全、提质增效、绿色发展为目标，大力推进奶业供给侧结构性改革，加快转变奶业生产方式，走产出高效、产品安全、资源节约、环境友好的奶业现代化发展道路，为实现奶业全面振兴、引领现代农业发展奠定坚实基础。

奶业国际竞争力亟须提升　根据中国奶业协会的调研结果，在龙头乳企标准化规模养殖的带动下，国产乳制品的质量品质已接近国家先进标准，部分企业的内控标准已高于国际先进水平。但目前国内奶牛养殖的规模化已超越了规模经济的临界点，技术进步带来的成本下降空间已非常有限，难以单纯在“拼成本”上获得优势。各大乳企积极打造更高品质的产品，努力用高价格去覆盖高成本，把乳制品向保健品、礼品甚至奢侈品推广以提升产品价值。但高价格也会带来消费抑制效应，影响行业的整体发展和国民营养健康水平的提升。因此，需要调整我国奶牛养殖的规模化战略，从超大规模向适度规模转型，从最优品质向质量、效益最大化目标调整。在合理确定基准质量标准和过程控制的基础上，强化加工企业和养殖户的利益联结机制，推动生产、流通、检测、营销等全链条降低成本，促进我国奶业质量、效益和竞争力的提升（陈兵等，2021）。

第三章

2017年至今喝好奶时期

自2016年国家奶业科技创新联盟成立至今，已遍布25个省份，有61家企业加入实施优质乳工程，其中34家通过验收。优质乳工程的实施更多体现为有效抵挡了进口奶市场占有率的增长。据测算，2017—2020年，国产奶类消费新增市场已占据主导地位，进口奶类新增市场占有率为49.6%，大幅低于2009—2016年的97.6%。说明实施优质乳工程的成效显著，我国消费者对国产乳制品消费信心明显提升，进口液态奶已经走下“神坛”。

一、奶业高质量发展内涵与路径

（一）高质量发展内涵

安全、优质、绿色、高效是我国奶业优质化发展的四大要义。安全始终是奶业的生命线，在此基础上，以人民健康、竞争力为导向，提升国产奶品质，增强国内乳企在市场上的话语权。绿色是奶业可持续发展的迫切要求，从节约资源使用与减少污染物排放两方面，实现奶业生产的绿色低碳。高效是实现奶业强国的重要途径，提升养殖和加工生产效率，提高奶业生产效益，实现“节本增效”。

安全始终是奶业的生命线 2008年“三聚氰胺事件”的发生给中国奶业造成了极大的伤害，严重挫伤了国产奶消费信心，其负面影响甚至十余年也难以消退。过去十多年，中国奶业发生的最大变化就是筑牢安全防线，此成效非常显著，我国生鲜乳抽检合格率连续多年保持在99.7%以上，三聚氰胺等违禁添加物抽检合格率保持在100%，2020年，生鲜乳、乳制品抽检合格率均达到99.79%以上，消费者信心逐渐恢复。国家奶业科技创新联盟2020年3月对北京、浙江、重庆等12个省份开展的居民乳品质量安全调研结果显示，74.77%的消费者认为国产乳制品十分安全或比较安全，消费者对国产奶质量安全认可度高于进口奶。尽管如此，仍有少数消费者“不敢喝”国产奶，安全始终是悬在奶业发展上“达摩克利斯之剑”。

优质是奶业发展的核心竞争力 奶业高质量发展要牢牢把握住优质的两点本质，一是以健康为导向的优质发展。习近平总书记2020年9月11日在科学家座谈会上提出“四个面向”要求，旗帜鲜明地提出“面向人民生命健康”；新冠肺炎疫情下国家卫健委发布《新型冠状病毒感染的肺炎防治营养膳食指导》，把每天食用牛奶作为有效增强抵抗力、防控与救治新冠肺炎的重要途径；2020年9月14日，国务院办公厅印发《关于促进畜牧业高质量发展的意见》，为奶业高质量发展指明方向。二是以竞争力为导向的优质发展。我国奶业要想实现高质量发展，科技创新是根本推动力，所以依靠基础研究和技术开发等创新活动，是提升奶牛养殖效率与效益、牛奶品质与奶业竞争力的重要保障，也是摆脱进口依赖实现我国奶业自立自强的重要途径。

绿色是奶业可持续发展的迫切要求 奶牛养殖业必须以科技

为支撑，围绕“高产、高效、优质、生态、循环”方向，大力发展优质饲草业，降低奶牛养殖饲料的成本；加大奶牛养殖粪污处理利用率，突出绿色生态养殖。在加工环节，研发低负荷热伤害加工工艺，从节约资源使用与减少污染物排放两方面，实现奶业加工的绿色低碳。在消费环节，引导消费者回归乳制品“鲜活”本质，不追求过度包装，同时避免浪费，倡导绿色理性的乳品消费理念。

高效是实现奶业强国的重要途径 高效，一方面是提升养殖和加工生产效率。对于养殖来说，要加强奶牛良种繁育与供应，发展标准化规模养殖，提高生产效率。对加工而言，降低乳制品加工的单位成本，通过节约直接成本，实现“节本增效”。另一方面是提高奶业生产效益。一直以来，我国奶业都面临着养殖与加工利益联结机制不完善问题，奶牛养殖、乳品加工及销售环节的收益分配不均衡，乳企赚钱、养殖亏损，“倒奶杀牛”现象时有发生，这也是导致奶类生产缓慢增长的重要内因。

（二）高质量发展路径

优质乳是全球奶业发展的方向，其核心理念是为消费者提供真正的健康安全、低碳绿色、营养鲜活的奶产品。为推动奶业优质化发展，2016年农业部成立国家奶业科技创新联盟，大力实施优质乳工程。该工程首次明确提出“优质奶产自本土奶”的科学理念，明确了国产奶与进口奶的战略定位，“优质奶源”和“巴氏鲜奶工艺”为两大绝对优势，培育国产奶独特竞争优势，为国产奶赢得市场话语权和主动权。

产品定位为巴氏杀菌奶，引导奶业发展方向 从日本和我国台湾地区等类似不具有奶业生产优势的地区发展经验看，均把巴氏杀菌奶作为国产奶发展方向，以时间品质优势赢得市场。优质乳工程开发出绿色低碳加工工艺，将巴氏乳加工温度由105℃下降到75℃，大大减少了产品中的糠氨酸含量，平均值为18.4mg/100g蛋白质，明显低于进口品牌糠氨酸60.3mg/100g蛋白质平均水平。该工艺最大限度地保留了牛奶中乳铁蛋白、β-乳球蛋白活性物质，平均值分别为24.5mg/L、2436mg/L，而进口品牌奶的平均值则为4.7mg/L、200mg/L。随着该工程的实施，"优质奶"产自"本土奶"的理念逐步深入人心，巴氏杀菌奶年均增速在20%以上，获优质乳认证的企业占总市场规模的90%。

评价标准国际领先，带动国产奶优质化发展 为了科学生产和评价优质乳，优质乳工程先后提出我国首个生乳用途分级技术，以蛋白质、脂肪、菌落总数和体细胞为核心指标，如特优级生乳标准为蛋白质、脂肪分别在3.1g/100 g、3.4g/100g，菌落总数低于5万CFU/mL，体细胞数低于30万个/mL，基本与欧盟标准一致。高标准带动了国内生鲜乳质量不断提升，进口液态奶不得不依靠降价争抢市场。2019年，进口液态奶平均价格为8.3元/升，比2009年降低20%，也明显低于国产奶11.9元/升的平均水平，进口奶走下价高量增的"神坛"，国产奶优质发展的格局基本形成。

生鲜乳收购优质优价，破解奶业产销利益联结难题 巴氏杀菌奶指对鲜牛奶采用低温的巴氏杀菌法加工成的牛奶（一般为72℃～85℃），巴氏杀菌既能够达到安全饮用标准，相比高温灭菌奶，对生鲜乳质量要求也更高。通过发展巴氏杀菌奶，企业会积极主动寻求优质奶源，在2018年全国奶价普遍偏低的情况下，获得优质乳认证企业每公斤优质生鲜乳收购价上涨0.15元，每头成年母牛每年增收686元，正向引导奶业利益分配，破解了长期以来奶农与乳企之间利益分配不平衡的难题，切实地保障了奶农利益。

二、奶业高质量发展机遇与挑战

进入21世纪后，我国奶业呈现出高速增长的发展态势，一直持续到2008年“三聚氰胺事件”的发生。此后十多年里，国内原奶产量一直徘徊在3200万吨，陷入3300万吨的“生产陷阱”。多年来，党中央、国务院高度重视奶业发展，连续出台多部文件促进奶业振兴，多年奶业利好政策产生实效，奶类产量于2020年突破历史最高水平，达到3544万吨，奶业进入全面振兴的新阶段，在此期间，奶业高质量发展的机遇与挑战并存。

（一）发展机遇

奶业振兴政策有力 2018年6月，《国务院办公厅关于推进奶业振兴保障乳品质量安全的意见》发布实施；同年12月，农业农村部、国家发展改革委等9部委联合印发《关于进一步促进奶业振兴的若干意见》，从提升国内生鲜乳产量、支持乳品加工、加强质量监管、调整乳制品消费结构等方面做出明确要求，也把提振乳制品消费信心作为一条重要举措。围绕引导和促进乳制品消费，多个部门合力加强奶业公益宣传，倡导科学饮奶，积极培育国民食用乳制品特别是干乳制品的习惯。为保障奶业振兴意见的落实，奶业主产地河北省、黑龙江省及内蒙古自治区等相继出台推进奶业振兴的实施方案与意见，明确全省2025年生鲜乳产量均突破1000万吨的目标，确保未来生鲜乳的供给能力提升；将提升优质饲草料生产能力作为提升生鲜乳产量的重点工作之一；此外，支持乳品企业做优做强、促进中小企业差异化、鼓励民族乳品特色化，从而为调整乳品结构、拉动消费提供有力支撑。新冠肺炎疫情之下，2020年，我国牛奶产量增至3440万吨，同比增长7.5%，增速创近15年新高。

乳品消费升级 经济增长、城镇化率提高、老年人比重提高、乳品新业态等因素不断助推乳品消费升级。根据世界银行预测，2020—2035年，我国人均GDP将从9824美元达到24911美元；农业农村部食物与营养发展研究所乳品政策与健康消费团队预测，到2035年我国城镇化率将达70%；据联合国人口数据预测，到2035年我国60岁以上老年人比重将从2020年的17.4%提高到27.6%。2020年，我国大陆人均奶类消费量为38.6公斤，略高于我国台湾地区人均奶类消费水平，但比日本低60%，约为亚洲平均水平的44.4%，不足全球平均水平的四成（见图3-1）。

与《中国膳食指南（2016）》人均每日300克液态奶推荐量相比，当前人均奶类消费量仅为推荐量的35.3%，从营养结构上看，根据联合国粮食和农业组织（FAO）食物平衡表数据，2017年我国每天人均奶类蛋白消费量2.7克，仅占动物蛋白的6.7%，远低于全球25.6%的平均水平。相比之下，日本、美国、德国及全球奶类提供动物蛋白的占比则分别达到14.8%、30.4%、40.2%、25.6%（见图3-2）。总体来看，我国人均奶类消费量低，奶类在营养改善中发挥的作用不充分，是居民食物消费中突出的短板产品。根据农业农村部食物与营养发展研究所动物食物与营养政策中心测算，2035年我国人均奶类消费量将达到56公斤，

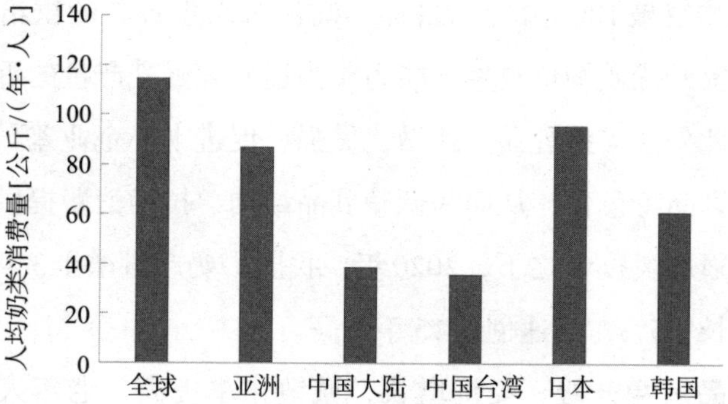

图3-1 不同地区人均奶类消费量

注：中国人均奶类消费量为2020年表观消费量，全球及亚洲、韩国数据来自2020年IDF年度报告；日本数据来自日本农林水产省，中国台湾地区数据为2017年FAO食物平衡表数据

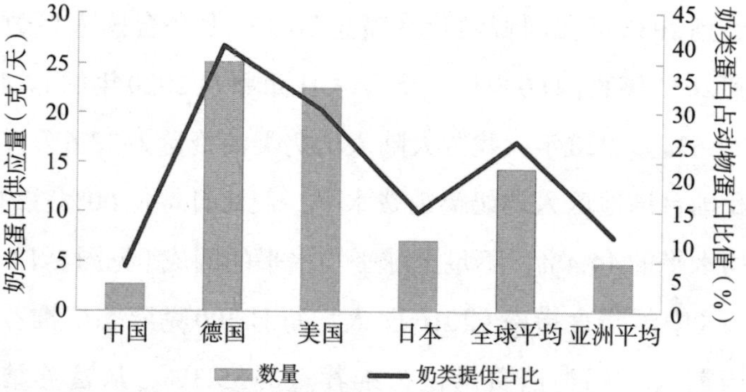

图3-2 典型区域奶类蛋白供应量及占动物蛋白比值

数据来源：FAO食物平衡表

与当前的38.6公斤相比，人均消费需求将增长17.4公斤，按我国总人口14.5亿计，届时奶类消费总需求将达到8210万吨，需求增长空间很大。

低温液态奶发展迅速 从日本和我国台湾地区等奶业缺乏竞争优势的地区发展经验分析，由于本土乳品不具有价格竞争优势，本土奶发展定位为低温产品，以时间品质优势弥补价格劣势，低温液态奶占液态奶市场份额的90%左右。面对进口高温灭菌奶的冲击，我国乳品行业也积极转型低温产品，低温乳品市场份额逐步扩大，零售行业数据显示，2004—2019年，低温鲜奶的市场份额从17%增长到26%。2020年，低温鲜奶消费快速增长，并呈现出以下三个特点：一是高增速持续时间长。2020年，低温鲜奶销量48.4万吨，同比增长25.6%，较上年增幅高14.5个百分点。活性物质含量更高的低温鲜奶消费增长迅速，近4年一直保持20%以上的年均增长率。二是线上线下消费均增加，线上增速更快。据尼尔森数据，2020年，低温鲜奶线上电商渠道和线下传统渠道的销售额增速分别达109.0%和20.0%，分别较上年高24.0个和5.0个百分点。三是价格较高但需求依然强劲。据蒙牛低温事业部测算，与纯牛奶相比，低温鲜奶在冷链物流成本上约高出20%。据尼尔森测算，2020年，低温鲜奶与纯牛奶的平均价格比值为1.17:1，在不具有价格优势的前提下，消费者对低温鲜奶的需求依然强劲，全年低温鲜奶在液态乳制品中的占比达到3.0%，较上年提高0.6个百分点。

2016年农业部成立国家奶业科技创新联盟，启动实施了优质乳工程，其核心理念是为消费者提供真正的健康安全、低碳绿色、营养鲜活的奶产品。该工程首次明确提出“优质奶产自本土奶”的科学理念，明确了国产奶的战略定位：“优质奶源”和“巴氏鲜奶工艺”为两大绝对优势，培育国产奶独特竞争优势，为国产奶赢得市场话语权和主动权。目前，加入优质乳工程联盟的企业已经达到61家，分布在全国不同区域。

国产消费信心恢复　根据农业农村部食物与营养发展研究所动物食物与营养政策中心2020年3月开展的消费者对国产奶及

进口奶质量安全态度调研结果，70%以上消费者认为国产奶质量安全总体放心，担心国产奶质量安全的消费者不足5%。2009—2019年，国产液态奶消费量由1277万吨增至1748万吨[①]，年均增速3.2%；每升价格由7.8元提高至11.9元，年均增速4.4%。在液态奶价格不断上升的情况下，国产液态奶消费量呈现“量价齐增”的发展势头（见图3-3）。据尼尔森《2018年中国婴幼儿配方奶粉市场环境洞察》报告，国产婴幼儿配方奶粉市场占有率由2008年的25.0%提升至2018年的43.7%，也反映出消费信心逐步增强（尼尔森，2018）。

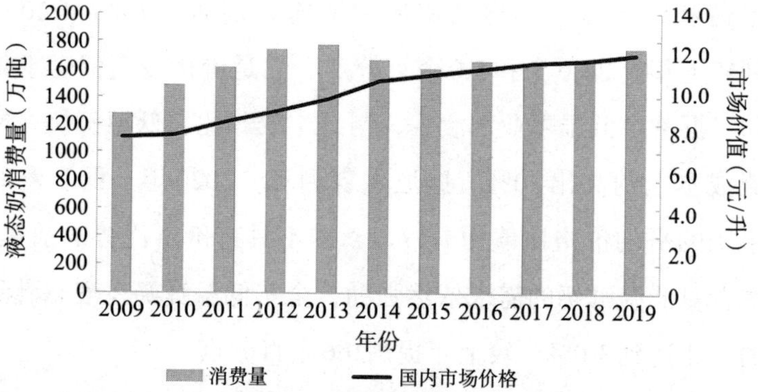

图3-3　2009—2019年我国液态奶消费量和市场价格

数据来源：尼尔森零售监测数据库

（二）面临的挑战

原料奶生产成本偏高，乳制品价格不断上涨　受养殖成本刚性上涨的推动，我国生鲜乳国内成本不断上升，乳品加工逐步转向“高端”“高价”定位，2009—2018年，按散养、小规

① 2009—2019年液态奶结构演变根据尼尔森零售监测数据库计算得出白奶占比，2009年为81.0%，2019年为57.1%。

模、中规模和大规模不同养殖规模计，我国奶牛养殖成本分别上涨0.99、0.82、0.90和0.73元/公斤，年均增长率各为4.8%、4.0%、4.0%、3.1%（全国农产品成本收益资料汇编，2019）。随着城镇化、工业化的推进，土地、人工、投入品等农业生产资料成本将逐步提高，必然会带动奶牛养殖成本继续增加。2010—2019年，我国常温奶（以UHT奶计）市场价格年均增长4.5%。加工乳制品与原料奶的比价是国际上评价乳制品价格的一个重要指标，以常温奶计，加工乳制品与原料奶的比价由2.7增至4.0，远高于日本，也显著高于欧美国家平均水平（见图3-4）。

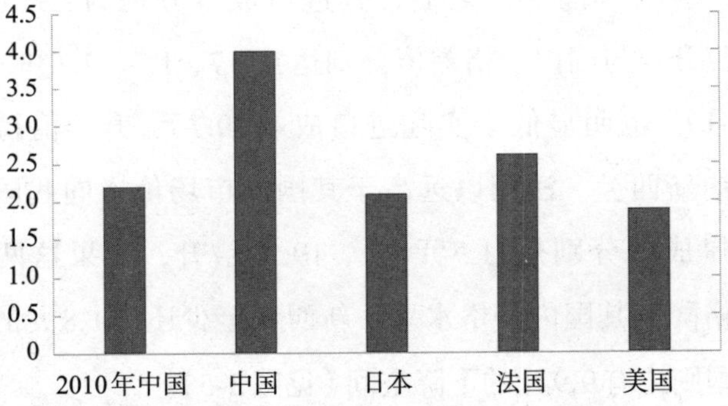

图3-4　2019年中国与国际加工乳制品与原料奶比价

数据来源：农业农村部食物与营养发展研究所动物食物与营养政策中心测算

据农业农村部食物与营养发展研究所动物食物与营养政策中心测算，全国6座典型城市居民的6种乳制品价格弹性都显著高于1，表明乳制品还不是生活必需品，消费者对乳制品价格很敏感。进一步测算各类乳制品需求弹性，以液态奶为例，其收入弹性为1.74，表明收入每增加1%，人均奶类消费增长1.74%，而收入下降也将制约乳制品消费增长。这表明消费者对乳制品价格很敏感，对绝大多数消费者而言，在质量没有明显差异的情况下，价格是首要考虑的因素，高价将制约居民乳制品消费。

进口液态奶竞争优势增强 从关税上看，我国乳制品进口关税不断下调，液态奶中鲜乳（0401）的进口税率由加入WTO前的25%下调至目前的15%，我国对进口的澳大利亚乳制品关税经12年最终降为零，到2026年所有乳制品进口关税降为零。随着物流和电子商务的快速发展，新西兰进口鲜牛奶从生产起最快3天就可以到达国内超市货架，贸易的便利化加剧了本土奶的国际竞争。另外，进口奶降价空间仍然存在。2018年，德国、新西兰、法国、澳大利亚四个主要进口国产地价格，加上进口费用（运费、关税、增值税）之后，其进口成本分别为7.9、9.9、9.3和9.0元/升，与国内价格差值分别达到3.7、1.7、2.3和2.6元/升（见表3-1），也明显低于实际进口成本10.7元/升。值得说明的是，目前新西兰、法国以远高于其国内市场价格向我国出口牛奶，到岸成本分别是11.7元/升、19.2元/升，如果这两个国家出口价格降至其国内价格水平，新西兰至少还有1.8元的下降空间，法国则还有9.9元的下降空间（见图3-5）。

表3-1　　2018年主要进口国产地价格和进口成本估算

（单位：元/升）

国家	产地价格	运费	关税	增值税	进口成本估算	国内价格	差值
德国	5.4	0.5	0.2	0.1	7.9	11.6	3.7
新西兰	10.3	0.6	0.0	0.1	9.9	11.6	1.7
法国	15.0	0.5	0.2	0.1	9.3	11.6	2.3
澳大利亚	6.4	0.6	0.1	0.1	9.0	11.6	2.6

注：依据海关总署数据，进口理论成本=产地价格+运费+（产地价格+运费）×关税+（产地价格+运费）×增值税；差值=国内价格−进口理论成本

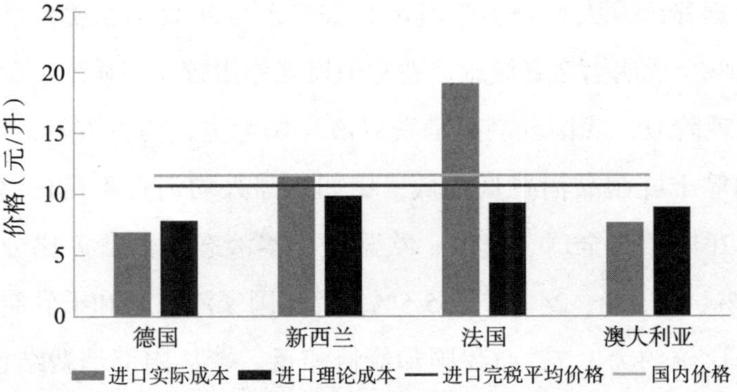

图3-5　2018年主要国家进口成本和国内价格

数据来源：海关总署数据

消费者营养与认知水平较低，尚未形成以健康为导向的消费习惯　调查发现，居民对于巴氏消毒奶和超高温灭菌奶在营养价值方面认知水平较低，消费者对牛奶营养价值认知明显不足。《2019中国奶商指数报告》显示，消费者摄入量认知达标率仅有40.5%，六成人不认为乳制品是每日膳食必需品。对乳品营养健康的认识率普遍较低，绝大多数消费者不了解常温奶和低温鲜奶的区别。根据农业农村部食物与营养发展研究所动物食物与营养政策中心新冠肺炎疫情期间1068份调研数据，如果提高对乳品营养价值的认知，60%以上的消费者会增加牛奶消费。2020年凯度家庭购买监测数据显示，乳品仍具有很强的礼赠、节日消费属性，福利礼赠渠道销售额占比为14.2%。2020年，消费者对营养健康、提高免疫力的关注度大幅提高，对健康、新鲜的需求尤甚，从而带动了奶类需求增长。据《2020中国奶商指数报告》，2020年中国公众奶商指数为62.7分，高于2019年的60.7分，96.0%的消费者认为喝奶对提升免疫力的作用较大，尤其对乳铁蛋白帮助提升免疫力的价值认同度高。同时，2003年“非典”疫情数据显示，人均奶类消费增长26%，与2002年相比，增幅提高30%，说明消费者健康消费意识增强作用较为明显。

现阶段，我国乳制品消费以液态奶为主，约占70%，奶酪、黄油等干乳制品消费量很低，比如奶酪人均消费不足0.1公斤/年。2018年，全球、美国、欧盟及日本液态奶消费占比分别为28.8%、29.1%、24.6%、55.5%，发达国家液态奶和干乳制品的消费比例约为3:7，而我国却恰恰相反。[①] 从内部消费结构看，低温乳制品少、常温乳制品多，据尼尔森数据，2019年，低温乳制品消费占比26%，其中巴氏杀菌乳的消费占比仅为4%，常温乳制品占比高达74%。结合中国人不喜欢吃冷食的饮食特点、没有奶酪等干乳制品消费习惯，乳制品消费方式还没有从喝奶转向吃奶，仍然需要长期培育并加强消费引导。从整体上判断，目前奶类消费还处于"喝上奶"这个阶段，亟待培育消费者健康饮奶习惯。

奶业产业链利益联结机制不完善　相比于奶业发达国家"养牛、收奶、加工、销售"一体化的发展模式，我国奶业虽逐步建立了完整的产业链条，却没有形成合理的利益分配机制。上游养殖环节多而散，在奶业产业链上处于弱势地位，下游乳企高度集中，完全处于市场优势地位，全面掌控了生鲜乳收购数量、质量等级和价格等方面的决定权，形成"加工巨头、养殖矮子"的格局。奶农高度依附于乳企，在生鲜乳收购过程中，对收购数量、

① 全球、美国、欧盟及日本数据来源于IDF，*The World Dairy Situation 2019*；中国数据来源于2019年国家统计局、海关总署，液态奶占比=干乳制品净进口量折算成干乳制品人均消费量，推算出液态奶占比约为66.5%。

质量、价格等方面缺乏谈判筹码。同时，在投入品的选择上也不具有绝对自主权，生鲜乳限收、拒收、压级压价以及搭售、摊派投入品等行为时有发生。据统计，2015年以来，每年上半年的乳品消费淡季都发生“卖奶难”问题，严重时生鲜乳限收量占到总产量的10%～15%，面对如此大的压力，大部分奶农和分散养殖户纷纷选择退出奶牛养殖。根据2020年中国奶业质量报告，我国百头以上规模奶牛养殖场数量由2016年的8600个减少到2018年的5124个，2019年止跌回升到6725个，2020年持续向好，但仍是产业链中的薄弱环节。

三、奶业高质量发展政策与科技支撑

（一）建立从牧场到餐桌的奶业支持政策

一是强化对奶业生产的扶持，扩大实施“粮改饲”政策，支持乳企自有牧场建设，综合运用补贴、保险构建奶农收入安全保障网。二是支持企业发展优质低温鲜奶，对低温鲜奶免征加工增值税，对生鲜乳运输开放绿色通道。三是扩大学生饮用奶覆盖面，把幼儿园学生纳入学生饮用奶计划，对农村学生进行学生饮用奶补贴，把学生饮用奶覆盖率纳入各级政府考核指标。

（二）强化奶业发展的科技支持

科技是奶业优质化发展的第一推动力，要大幅提升科技在奶业发展中的贡献率。一是加大培育本土奶牛良种，支持国家奶牛核心育种场和种公牛站建设，提高良种繁育和推广能力。二是建立不同区域的提质增效饲喂模式，提高奶牛单产和生鲜乳品质。

三是开展生鲜乳重要营养成分和活性物质保持加工技术研究，优化产品标准及加工工艺，提升乳制品营养与功能品质。

（三）扩大优质乳工程实施规模

一是建议成立公益性国家优质乳工程中心，负责优质乳工程推广实施。二是加强优质乳工程的认证管理，完善优质乳全产业链生产工艺流程标准，鼓励委托专业第三方检测认证机构对优质乳工程企业及优质乳产品进行认定评级。三是创建优质乳工程产品标识，科学引导生产与消费。

（四）尽快出台奶及奶制品分级标准

立足我国奶业发展现状和居民消费需求，借鉴国外做法对奶及奶制品进行分等分级并出台国家标准。通过制定优质生鲜奶用途分级标准，可引导形成优质优价市场机制，平衡产销利益关系。20世纪30年代起，美国开始探索生鲜乳分等分级制度，逐渐形成了按品质及加工用途的分级制度，推动了美国奶业从安全底线到优质发展的成功转型。我国地域广阔，生鲜乳品质差异较大，按照安全、营养等指标对奶及奶制品进行分等分级，有利于科学引导消费，促进奶业高质量发展。

第四章

国际奶业高质量发展做法与借鉴

一、日本奶业高质量发展做法与借鉴

20世纪60年代后，随着日本经济的快速增长，以及人民生活水平的不断提高，日本国内对乳制品的需求逐渐扩大，在市场需求和奶业相关政策的共同激励下，奶牛单产水平和乳品质量不断提升，经过半个多世纪的发展，如今日本已进入奶业发达国家行列。相比于欧美等奶业发达国家，日本奶业发展历史与我国较为相似，一方面，奶业发展时间较短，都起始于20世纪五六十年代；另一方面，双方农业土地资源有限，都是在小规模分散的土地上开展家庭经营。通过分析日本奶业发展特征，研究其奶业发展趋势，借鉴其成功经验，对提升中国奶业竞争力、促进奶业振兴具有重要意义。

（一）奶业基本情况

牛奶产量受奶牛单产和存栏影响呈先上升后下降趋势。日本奶牛养殖业最早可追溯到明治时期（1863年），而真正起步始于20世纪60年代，1961—2019年，奶产量从211.0万吨增长至731.4万吨，奶牛存栏量从88.5万头增长至133.2万头。根据奶牛存栏的增长速度将日本奶业发展分为三个阶段。第一阶段（1961—1971年），奶牛数量激增阶段。该阶段奶牛头数由88.5万头激增至185.6万头，提升了110%；奶产量由211.0万吨提升到481.9万吨，增加了128%；经产牛单产在4吨/（头·年）上下波动。该阶段奶产量的提升主要是由于奶牛数量的增长。第二阶段（1972—1992年），奶牛数量处于平稳阶段。该阶段奶牛存栏数稳中有升，由181.9万头增至208.2万头，提升了14%。奶产量由493.8万吨增长到861.7万吨，增长了75%，该阶段奶产量的提升主要是由于整体奶牛单产的提升，经产牛单产由4.4吨/（头·年）提升到6.7吨/（头·年），提升了52%。第三阶段（1993—2019年），奶牛数量减少阶段。该阶段奶牛数量由206.8万头降低到133.2万头，降低了35.6%；牛奶产量由855.1万吨降低到731.4万吨，降低了14.5%；经产牛单产由6.8吨/（头·年）提升到8.8吨/（头·年）（见图4-1），牛奶产量的降幅低于奶牛数量的降幅，这是由于奶牛单产提升抵消了一部分奶牛数量降低造成的奶产量减少。

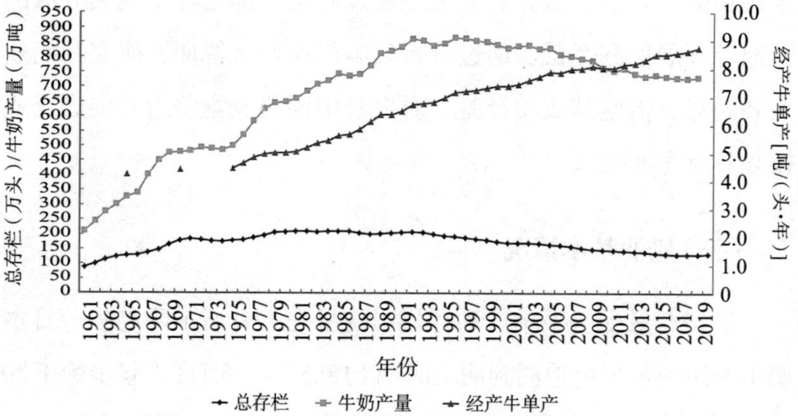

图4-1 1961—2019年日本奶牛总存栏、牛奶产量、经产牛单产变化趋势

数据来源：日本农林水产省统计信息部

日本奶牛养殖户数量自20世纪60年代以来不断下降，由1961年的413千户下降到2020年的14千户，降低了96.6%。户均养殖规模不断扩大，由1961年的2.1头提升到2020年的93.9头（见图4-2）。

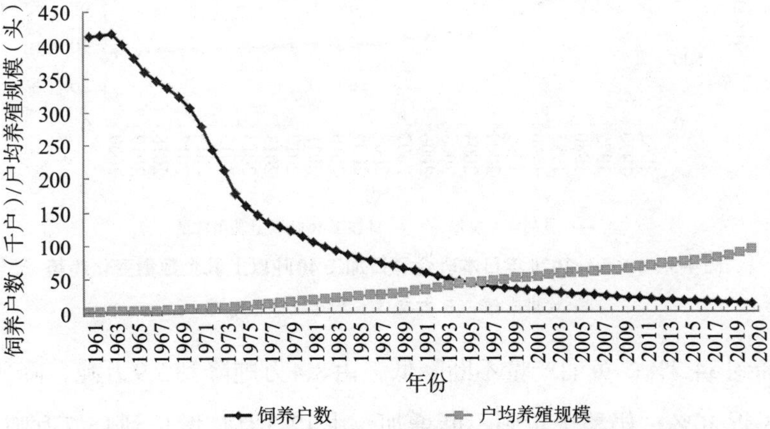

图4-2　1961—2020年日本奶牛饲养户数和户均养殖规模变化趋势

数据来源：日本农林水产省统计信息部

乳制品加工企业优胜劣汰，总量下降，但日加工40吨以上的大型乳企数量整体增多。在20世纪50年代之后，随着乳品加工企业的技术和设备的不断更新换代，在发展过程中很多技术和产能落后的企业逐渐被淘汰，乳品企业总数由1965年的2358个减少到2020年的559个，降低了76.3%，日加工40吨以上企业由1965年的50家提升到2020年的110家，提升了120%（见图4-3）。

在乳制品品类上，主要产品为液态奶、黄油和奶酪等，其中液态奶和黄油产量逐渐降低，奶酪产量不断提升。2005—2018年，随着牛奶总产量的降低，液态奶产量及生产液态奶的牛奶数量占总量的比例也在降低，液态奶产量由477.5万吨降到400万吨，降低16.2%，生产液态奶的牛奶数量占总量的比例由57.6%

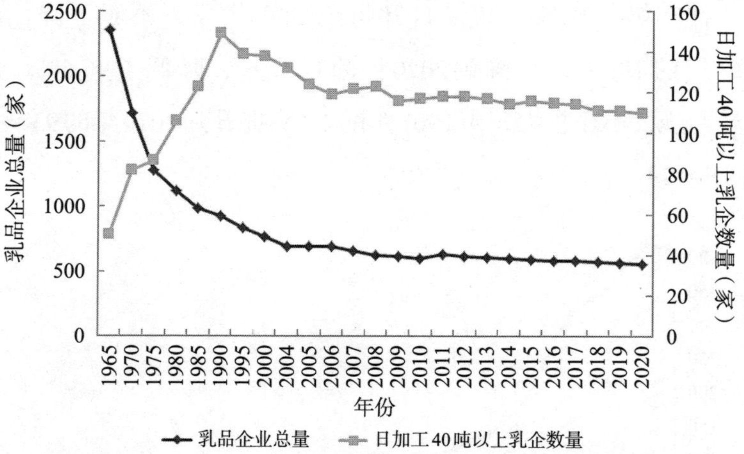

图4-3　1965—2020年日本乳企和日加工40吨以上乳企数量变化趋势

数据来源：日本农林水产省统计信息部

降到54.7%；黄油产量不断降低，由8.4万吨降到5.9万吨，降低了近30%；奶酪产量则不断增加，由12.3万吨增长到15.7万吨，增长了28%（见图4-4）。

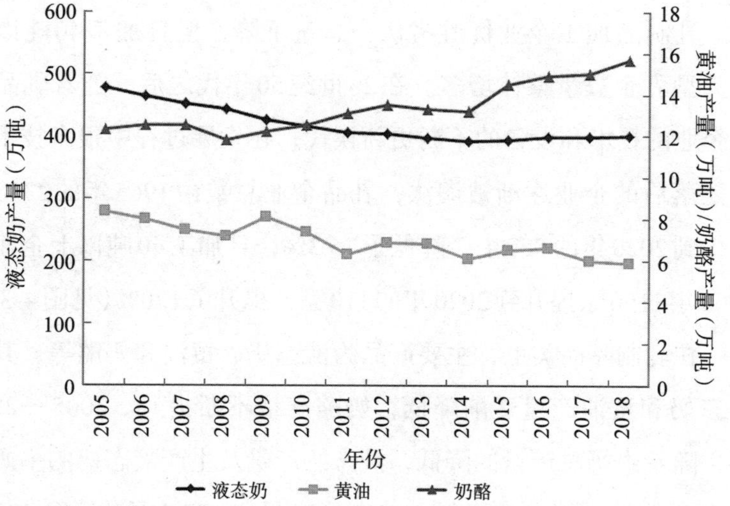

图4-4　2005—2018年日本生产液态奶、黄油、奶酪的变化趋势

数据来源：日本农林水产省统计信息部

明治株式会社是日本本土最大的乳制品加工企业，在2020年全球奶业20强中以销售额59亿美元排名第13位，公司产品包括液态奶、奶酪、黄油和乳脂等20余种，销售布局分布在中国、日本、泰国、越南等亚洲国家以及北美、欧洲、大洋洲等地区和国家。

日本非常重视少年儿童对乳制品的消费。1958年，日本政府开始实施学生奶计划，由国家对学生采取补助金制度，即对学生喝牛奶给予相应的补助金。1973年，为刺激乳制品消费，实施学校午餐工程，要求从幼儿园到小学，牛奶为午餐的必需品。经过对乳制品消费的激励，2005—2017年，日本人均每年消费乳制品数量整体呈上升趋势，由2005年的91.8公斤提升到2017年的93.4公斤，在此期间国内乳制品需求量非常稳定，总体上在1200万吨左右（见图4-5）。

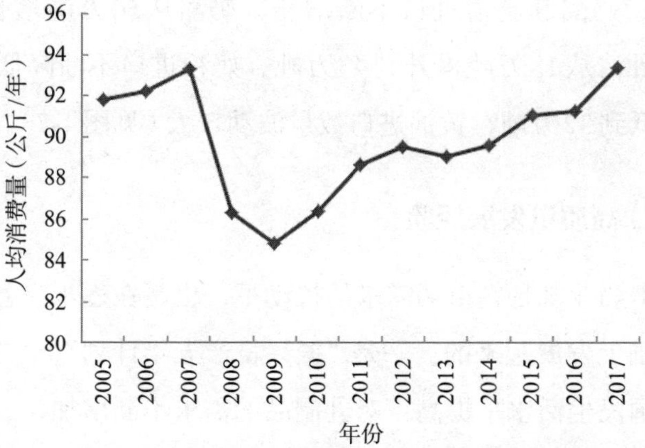

图4-5　2005—2017年日本人均乳制品消费变化趋势

数据来源：日本农林水产省统计信息部

日本奶业贸易一直以进口为主，近几年由于国内本土产奶量不断降低，国内乳制品需求稳定，所以乳制品进口量不断增加，乳制品进口量由2005年的383.6万吨提升到2017年的500万吨，奶源自给率也由2005年的68%降至2017年的60%（见图4-6）。

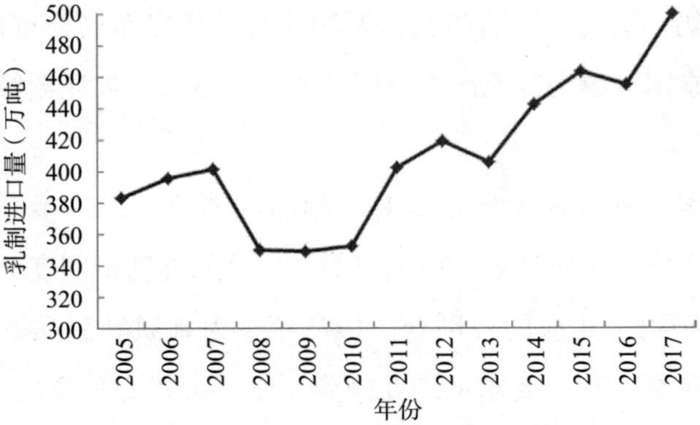

图4-6　2005—2017年日本乳制品进口量变化趋势

数据来源：日本农林水产省统计信息部

从乳制品进口品类看，以奶酪为主，其次为奶粉和乳清，再次为黄油，鲜奶和酸奶进口最少。从历年进口情况看，1988—2020年，奶酪和乳清进口不断增长，奶酪从50万吨增长至128万吨，乳清从18万吨提升到47万吨，奶粉进口不断降低，从99万吨降低到32万吨，黄油进口数量波动较大（见图4-7）。

（二）高质量发展经验

日本奶业既是在市场需求的拉动下，也是在逐步完善相关制度的基础上发展起来的。一是“振兴畜产五年计划”。“二战”结束后，国民生活水平提高，对乳制品的需求不断增加，远远大于市场供给。为了发展奶业和增加供给，1947年，日本制定了第一个“振兴畜产五年计划”，调动了奶农的生产积极性，并增加了乳制品市场供给。二是制定《畜产品价格稳定等相关的法律》。1960年之前，牛奶都是在乳品企业与奶农直接交易的，奶农对

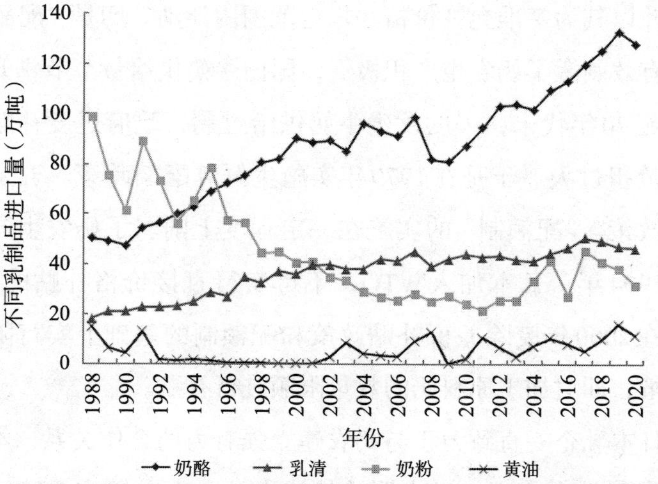

图4-7　1988—2020年日本进口奶酪、乳清、奶粉、黄油等乳制品变化趋势

数据来源：日本农林水产省统计信息部

奶价没有话语权，乳企也时常压价，引发奶农和乳企之间的矛盾，而且此矛盾日趋加深。为缓解矛盾，政府于1961年颁布了《关于畜产品价格稳定的法律》，对生鲜乳制定了保护价格，对指定乳制品设定了价格变动幅度，同时也对奶农及乳品企业给予一定的乳制品补贴。政府在法律颁布不久后还成立了农畜产业振兴机构，专门负责监督和参与政策的落地执行。三是《加工原料奶生产者补贴等暂定措施法》和价格稳定机制，为进一步调动奶农生产积极性，于1965年实施《加工原料奶生产者补贴等暂定措施法》，该法核心为政府针对奶业实施差价补贴政策。根据政策，政府对奶农与乳品企业形成的生鲜乳价格差价进行补贴。该政策的实施，不仅有利于稳定国内乳制品市场价格，还有利于在奶农与乳品企业之间建立互利的价格形成机制。此外，为保障国内黄油、脱脂奶粉、全脂加糖炼乳等重点乳制品价格的稳定，在价格补贴机制的基础上形成乳制品价格稳定机制，即设定稳定指标价格，并以其为基准允许价格在规定范围内浮动。四是“配额制”。政策有效刺激了奶农生产积极性，国内牛奶供给量节节攀升，在20世纪70年代末，一度发生牛奶供给过剩，政府过度补贴致使财政负担过大。于是在1979年实施生鲜乳配额政策。五是限额补贴政策。“配额制”的实施在一定程度上削弱了奶农生产积极性，1994年，日本加入WTO，不可实行直接价格补贴的规则，于是在2000年废除差价补贴政策和配额制的基础上实行限额补贴政策，即对加工原料奶的数量限额进行补贴。

日本乳企一直致力于与奶农建立强有力的合作关系，本土最大的乳制品企业——日本明治株式会社，面对奶牛养殖行业从业人员老龄化、接班人短缺，以及奶牛养殖牧场数量的下降等问题，不断完善奶业利益联结机制，采取了如下措施，与奶牛养殖场共同推进日本奶业的发展。

一是制定稳定、公平的生鲜乳采购政策。明治株式会社于2019年公布生牛奶采购指南，在生鲜乳收购过程中，检查牧场的环境和饲料质量，在进入乳品加工厂时开展乳成分和物理特性等理化分析，保障乳制品质量。二是针对奶农开展生产者管理支持活动。明治株式会社通过专业技术人员开展诸如动物保健、奶牛饲料制作、繁育受精、疫病防治等方面的专业培训与咨询活动，以提高牧场生产的规范性和可操作性，减少牧场的浪费。三是与日本国内各家奶业协会、合作组织合作，组建利益共同体。明治株式会社与位于北海道中川县美福镇的北遥农业合作社合作，北遥农业合作社是在日本北海道牧场数量减少、从业人员老龄化、接班人短缺等背景下建立起来的合作组织，其有效将牧场生产者联合起来，将奶牛、牛舍以及办公用房等进行了集中管理经营。明治株式会社与北遥农业合作社建立了长期的合作关系，收购其下属牧场生产的生鲜乳，并与其合作开展北海道地区的奶农培训等。四是明治株式会社按照日本奶牛养殖区域设置不同的小组，每个小组安排1～2名工作人员，负责该区域内牧场的生产管理、奶牛疾病、饲草料制作等专业的技术咨询服务，以及牧场的生鲜乳收购监管等工作。各小组工作人员通过长期、持续的牧场跟踪服务，除与牧场建立长期的生鲜乳购销关系外，也搭建了稳定的牧场管理、技术咨询服务体系。五是加大与合作牧场开展有机牛奶生产。1999年，日本明治株式会社开始鼓励牧场种植并对奶牛饲喂有机饲草，实现有机生鲜乳生产，对于开展有机生鲜乳生产的牧场，帮助其申报日本有机JAS标准认证。对于获得JAS标准认证的牧场，明治株式会社对其生产的生鲜乳进行收购，并加工成有机牛奶再进行销售。通过鼓励牧场开展有机生鲜乳生产，提升了牧场的养殖收益，保障了牧场利益，实现了奶牛养殖与环境的可持续发展，也巩固了明治株式会社与奶农之间的利益联结。

日本促进牛奶消费政策是从1955年实行学校午餐提供纯牛奶开始的。1970年初，由奶农、乳制品企业、牛奶销售店共同捐资成立了全国牛奶普及协会，以及地方各级的普及协会，负责利用各种媒体和社会活动宣传普及牛奶营养知识，建立全民消费习惯。随着媒体资源越来越多且越来越活跃，更多的乳制品企业开始倾向于通过大众媒体进行乳品知识和饮奶知识的宣传，乳制品也已写入日本国民营养摄取推荐清单中。此外，日本还建立了很多优质的观光牧场，吸引游客，与此同时，普及饮奶知识，促进奶业消费。

在乳制品加工上，近年来液态乳制品生产不断降低，奶酪产量不断增加。目前，日本国内乳制品仍以液态奶为主，但产品结构已逐渐由液态乳制品向营养价值更高的固态乳制品进行转变。

（三）对中国的启示

以渐进方式发展奶业规模化养殖 日本的奶牛养殖最初是从传统的小农户开始，20世纪60年代初期户均规模只有2头，发展到目前的户均89头的养殖规模用了半个多世纪，而且饲养奶牛农户的去留主要依靠市场，无须借助行政或市场垄断地位。这种渐进式的规模化发展有利于小规模奶农积累知识和经验、掌握技术，有充足的时间实现向规模化养殖转变。在我国，奶业规模化养殖是产业发展的必然趋势，但是，小规模农户养殖的淘汰出局很多是由于乳品企业的市场强势地位，而且奶业规模化养殖的发展速度是超常规的，小规模养殖的奶农还没有做好向规模化养殖转型的准备，因此，给奶业未来发展带来诸多不确定性。我国发展奶业规模化养殖应循序渐进，给奶业转型一些缓冲的时间。

探索养殖适度规模，发展多种形式的适度规模化 日本在推进奶业规模化养殖过程中，紧紧依托家庭牧场，千头牧场已十分罕见，万头牧场尚属空白。日本在发展奶业规模化养殖过程中，采取了国际上的通行做法，以家庭牧场为主体发展现代奶牛养殖业。之所以这样做，首先是考虑到规模效益问题，其次是考虑到粪污处理问题，日本土地资源稀缺也是其发展大规模养殖的制约因素。从近几年的发展趋势看，我国奶业规模化养殖正在走上一条以千头牧场、万头牧场为主体的发展道路。但是大规模养殖场的粪污处理已经成为奶业发展过程中最大的限制因素，是我国规模化牛场发展的“瓶颈”。一个存栏3000头的奶牛场每天排放的牛粪可达100～150吨，会给牧场和环境带来相当大的难题。鉴于我国目前的奶业发展情况，考虑不同区域的资源禀赋和市场条件，需科学探索适度规模，并发展多种形式的奶牛养殖主体。

完善奶业规范体系，促使奶业步入法制化 在日本整个奶业发展过程中，奶业法律法规起到了很大的作用，它保障了养殖和加工双方交易的公平性，同时保障了奶业市场的供需平衡，激发了奶农和乳企的生产热情，促进了奶业健康可持续发展。在日本奶业发展中，没有法律依据的，先制定法律，后出台相关产业政策；法律不完善的，先修订法律，后调整相关产业政策，此外还组建相应的配套机构监督法律法规的执行。目前，我国奶业发展过程中也存在日本奶业在发展中遇到的一些问题，如养殖加工矛盾突出，奶业市场供需不平衡等。通过立法后出台相应的产业政策，不失为很好的解决办法。

加强乳制品消费宣传，发展奶酪等高附加值乳制品消费 在日本，由乳企、奶农和商超共同出资组建了专门的机构进行乳品宣传。目前，乳制品生产与国际趋势相同，都由液态乳制品向固态乳制品转变，尤其是奶酪的生产。目前，国内也非常重视乳制品的宣传，比如北京奶牛技术体系与《中国乳业》杂志主办的“奶香飘万家”活动，深入千家万户宣传乳制品的营养知识。国内有很多牧场改建为休闲观光牧场，建立科普馆，宣传饮奶知识。但是我国乳制品的消费还比较低，仅为世界平均水平的1/3，尤其以奶酪为主的固态乳制品，人均消费量仅为40克，是美国的1/400和日本、韩国的1/60，所以未来对消费者乳制品消费习惯的教育任重而道远。

二、荷兰奶业高质量发展做法与借鉴

（一）奶业基本情况

荷兰属于温带海洋性气候，冬暖夏凉，降水丰富，且地势平坦，富含适宜牧草生长的淤沙土，具有得天独厚的奶牛养殖条件。20世纪80年代以来，荷兰奶牛生产受欧盟“奶牛生产配额制度”的影响，虽然自然条件优越，但饲养规模普遍偏低，2000年平均饲养规模仅为51头。2008年以后，由于海外市场尤其是亚洲地区乳制品需求大幅增长，为了不输掉全球乳制品的市场份额，2015年4月1日，欧盟取消了长达31年的配额制，不再对产量超出配额的奶农们予以重罚。生产政策放开后，饲养规模明显增加，2019年达到97头，牛奶产量从2000年的1113万吨增长到2019年的1400万吨，增幅达25.8%（见表4-1）。事实上，牛奶产量的增加主要是因为单产的提高，而奶牛场数量和奶牛存栏量持续下降，主要是受到了环保和成本双重压力的影响。

表4-1　2000—2019年荷兰奶牛养殖情况

年份	奶牛存栏（万头）	奶牛场数量（万家）	平均饲养规模（头）	牛奶产量（万吨）	奶牛单产[公斤/(头·年)]
2000	150.4	2.95	51	1113	7397
2005	143.3	2.35	61	1084	7560
2010	147.9	1.98	75	1183	8000
2014	157.2	1.86	85	1266	8052
2015	162.2	1.83	89	1352	8338
2016	174.5	1.79	97	1453	8328

续表

年份	奶牛存栏（万头）	奶牛场数量（万家）	平均饲养规模（头）	牛奶产量（万吨）	奶牛单产[公斤/(头·年)]
2017	169.4	1.81	94	1450	8561
2018	162.2	1.70	96	1409	8687
2019	157.8	1.63	97	1400	8870

数据来源：*Dutch Dairy in Figures 2019*, ZuivelNL（www.zuivelnl.org）

20世纪60年代，荷兰的乳制品加工企业有600多家，随着时间的推移，企业沉起沉浮，或并购或淘汰。2020年，荷兰乳制品市场份额在0.1%以上的加工企业仅有29家。其中，Royal Friesland Campina NV，Arla Foods Amba，Upfield Holdings BV，Westland Kaasexport BV，Danone和Lactalis这6家公司的市场份额分别为17%、5.9%、4.7%、3.8%、3.8%和2.4%，总计占市场份额的37.6%。原本在荷兰乳制品市场中占5%左右的Unilever Group在2020年关闭了荷兰总部，统计中不再把它当作荷兰的乳制品企业。除大型乳企外，近年来商店自有品牌（Private Label）的市场份额也不断增加，2010年市场份额为31.6%，2020年增长到42.5%，增幅为34.49%。

荷兰的奶农向奶牛场供应大约96%的牛奶，剩余的4%供自己使用（用于饲养幼畜和自己生产乳制品）。欧盟取消生产配额制度以后，荷兰用于乳品加工的牛奶数量先增后降，1995年仅为1081.1万吨，2016年达到峰值，为1432.44万吨，随后开始下降，2020年为1395.96万吨。荷兰的乳制品加工以奶酪为主，近年来奶酪产量增幅较大，从1995年的68.29万吨增长到2020年的95.19万吨，增幅为39.39%。此外，为满足中国等亚洲国家的乳制品需求，全脂奶粉的生产数量增长较快，2000年产量仅为9.67万吨，到2018年时已翻了一番。黄油、脱脂奶粉和炼乳的产量20年来稳中有升（见图4-8）。

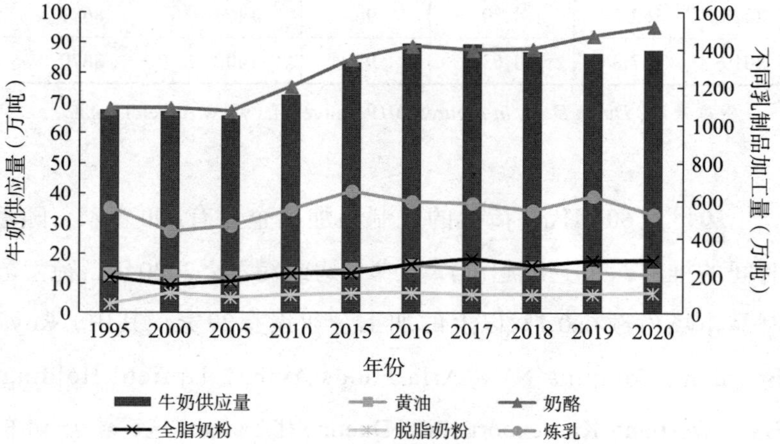

图4-8　1995—2020年荷兰乳制品加工量

数据来源：RVO

荷兰的乳制品销售渠道主要是大型商超，但大型商超的销售份额近年来有下降趋势。2006年大型商超的份额是77.5%，2020年该销售份额下降到70.6%。[①] 线上销售虽然未成为主要销售渠道，但有较大的增长幅度，2006年的销售份额仅为1.6%，2020年该份额增长到6.6%。

液态奶消费下降明显，奶酪消费增幅较大。2000—2019年近20年，荷兰的液态奶消费从人均63.0公斤下降到39.6公斤，下降37.1%，奶酪消费从18.6公斤增长到23.7公斤，增幅达到27.4%（见表4-2）。不同品牌的鲜奶价格差距较小，以销售份额较大的

① 数据来源：Euromonitor passport。

Arla和Campina为例，分别为1.47美元/升和1.38美元/升。而奶酪的价格差距较大，Aldi包装好的硬奶酪仅为8.25美元/公斤，而Bastiaansen的硬奶酪达到22.26美元/公斤。

表4-2　　2000—2019年荷兰乳制品消费情况

乳制品	消费量	2000年	2005年	2010年	2014年	2015年	2016年	2017年	2018年	2019年
液态奶	总量（万吨）	100.00	91.39	83.92	76.80	83.51	83.43	72.25	71.45	68.64
	人均（公斤）	63.0	56.0	50.5	45.5	49.3	49.0	42.2	41.5	39.6
其他鲜奶产品	总量（万吨）	92.20	92.81	91.12	79.20	78.27	77.85	—	—	—
	人均（公斤）	57.9	56.9	54.8	47.0	46.2	45.7	—	—	—
黄油	总量（万吨）	5.30	7.05	3.77	6.20	6.57	7.68	6.93	8.97	4.88
	人均（公斤）	3.3	4.3	2.3	3.7	3.9	4.5	4.0	5.2	2.8
奶酪	总量（万吨）	29.70	30.31	30.78	30.60	39.46	37.01	37.64	41.85	41.04
	人均（公斤）	18.6	18.6	18.5	18.2	23.3	21.7	22.0	24.3	23.7

数据来源：*Dutch Dairy in Figures 2019*，ZuivelNL（www.zuivelnl.org）

荷兰是乳制品进出口大国。1992—2008年，进口量整体大于出口量，进出口总量相近且保持稳定，在700万～1000万吨之间波动。2009—2020年，出口量超过进口量，从2009年的779万吨增长到2020年的1375万吨，增幅达76.51%，2020年，出口量超进口量267.14万吨（见图4-9）。荷兰的乳制品进出口贸易主要是同德国、比利时等欧盟国家进行。

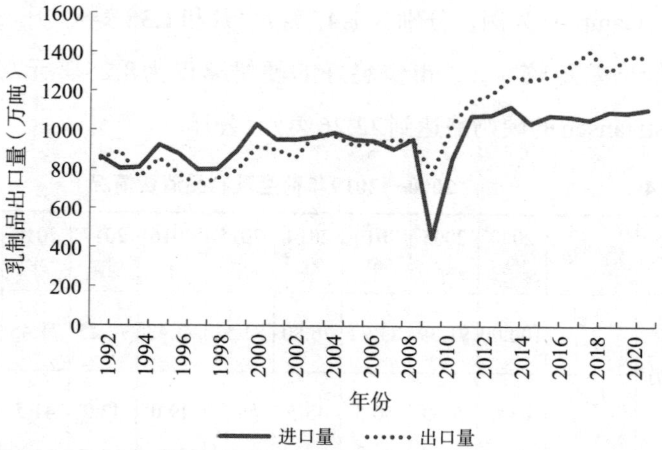

图4-9　1992—2020年荷兰乳制品进口和出口总量变化趋势

从乳制品进口种类来看，以乳清为主，其次为奶粉，酸奶和鲜奶的进口量最少。从进口变化趋势来看，奶酪和黄油的进口增长较大，分别从1992年的35.78万吨和61.90万吨增长到2020年的165.03万吨和115.30万吨。乳清和奶粉虽然不同年份进口波动较大，但1992年和2020年的进口量基本持平。酸奶和鲜奶的进口量小幅增长，分别从1992年的13.27万吨和52.14万吨增长到2020年的21.71万吨和85.84万吨（见图4-10）。

从乳制品出口种类来看，奶粉出口量最大，其次是奶酪，之后是乳清和黄油，鲜奶和酸奶的出口量最少。1992—2020年，奶酪和乳清的出口增长量最大，奶酪出口量从219.13万吨增长到408.01万吨，增长了188.88万吨；乳清出口量从99.79万吨增长到230.53万吨，增长了130.74万吨。其次是奶粉，奶粉出口量从1992年的359.18万吨增长到2020年的456.18万吨。黄油、鲜奶和酸奶的出口量也有小幅增长（见图4-11）。

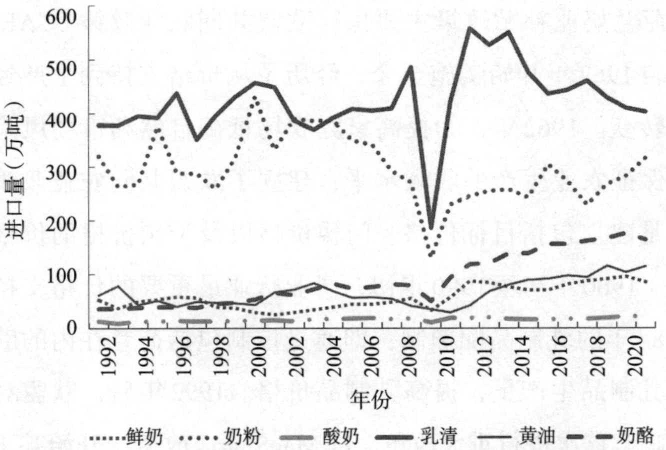

图 4-10　1992—2020 年荷兰鲜奶、奶粉、酸奶、乳清、黄油和奶酪的进口情况

数据来源：联合国贸易统计数据库

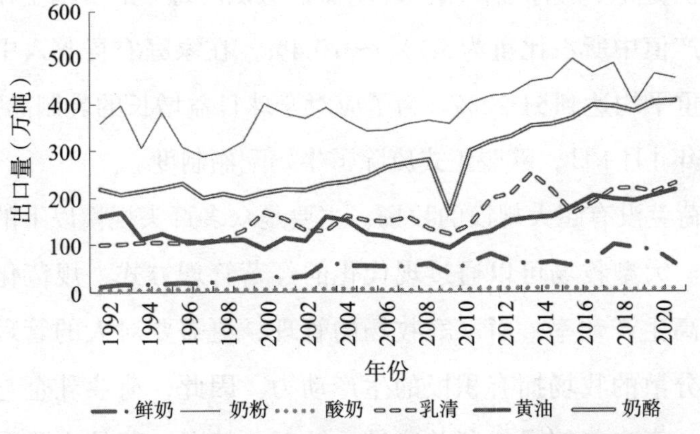

图 4-11　1992—2020 年荷兰鲜奶、奶粉、酸奶、乳清、黄油和奶酪的出口情况

数据来源：联合国贸易统计数据库

（二）高质量发展经验

荷兰作为世界第二农畜产品出口国，其乳制品具有较强的国际竞争力。荷兰之所以跻身世界乳制品主要出口国，除优越的自然条件外，离不开本国政府和欧盟会员国的扶持。

荷兰奶业补贴政策主要执行欧盟共同农业政策（CAP），该政策自1962年开始实施至今，经历了从价格支持到生产经营补贴的转变。1962年，为提高家庭农场抵御自然和市场风险的能力，保证农业生产的收入水平，建立了欧盟共同农业政策。其核心是建立包括目标价格、门槛价格以及干预价格的价格支持体系。1960年初至1990年初，奶业行业最重要的价格支持政策是1984年的乳制品配额制，即通过控制包括荷兰在内的欧盟国家的乳制品生产量，提高乳制品价格。1992年后，欧盟对共同农业政策首次进行重大改革，即MacSharry改革，开始基于存栏数对农场主进行补贴。2003年，实施中期审核改革，意在鼓励农场主提高生产标准，增强环境保护意识。每年的资助金额在农场总产值中所占比重为5.1%～10.4%，在家庭农场收入中所占的比重平均达到51.22%。为了应对全球日益增长的乳制品需求，2015年4月1日，欧盟正式废除了牛奶配额制度。

荷兰没有超大规模的牧场，主要是众多百头规模以下的家庭牧场。大型牧场可以通过现代化的经营管理方式、规范化的流程提高生产效率，而家庭牧场的管理，更需要对人的管理，让小而分散的牧场拥有积极的生产动力。因此，荷兰乳企与奶农之间一直有着较强的利益联结，针对此情况，荷兰主要采取了如下措施。

一是按质论价的生鲜乳定价机制。菲仕兰公司支付给奶农的生鲜乳价格由保证价格、放牧溢价、补充溢价组成。保证价格是根据生鲜乳中的蛋白质、脂肪和乳糖的含量支付，三者支付价格基本按照10∶5∶1的比例支付，每月根据市场行情调整，奶农可根据发布的价格，以及自家生鲜乳的蛋白质、脂肪和乳糖含量测算其保证价格。放牧溢价是指对全部奶牛都采用一年超过120天，每天超过6小时进行放牧的奶牛场，每公斤多支付1欧元，对至少25%的牛每年至少在户外放牧120天的牧场，每公斤多支付0.46欧元。此外，还有补充溢价，如带有“On the way to Planet Proof”质量标签的牛奶，每100公斤多支付2欧元。二是合理、及时的生鲜乳支付方式。菲仕兰公司采用中期付款的方式，根据上半年的业绩和交付的牛奶量，最晚于10月1日支付，中期付款额为上半年交付的牛奶总额的75%，最终结算将根据公司的年度业绩和所交付的牛奶总量，在次年3月进行。三是以激励为导向的奶农管理方式。合作社的会员奶农享有决策权，通过选举的方式，选出代表奶农参与到公司的经营活动中，而且会员资格可以世代继承。同时，会员必须承担相应义务，比如将牛奶全部卖给公司。公司对于会员奶农同样有必须承担的义务，其中最重要的一项是不论会员农场生产多少牛奶，公司必须全部买进。

为了实现气候零负荷增长，打造高效、可持续的生产链，进一步增加牧场的可持续性，荷兰的乳企从减少碳足迹、保证生物多样性和提高动物福利三个方面着力。与荷兰合作银行等组织一起创建了生物多样性检测器，用来监测温室气体排放、土壤氮平衡、氨排放等关键绩效指标，然后根据监测数据对奶农进行奖励。荷兰的能源资源丰富，奶牛饲养采取舍饲和放牧相结合的方式，牛场粪便的主要用途是作为有机肥而施入牧草地，通过储存发酵，消除异味，减少空气污染。

整体来看，荷兰的乳制品消费有下降的趋势。液态奶、黄油和奶酪自2018年以来都出现下降态势。这背后的原因之一是消费者选择的增多，市场上出现了植物牛奶等替代品，该产品原本是为乳糖不耐受人群设计，但近年来也成为追求健康、绿色生活方式人群的选择。研究显示，目前有33%的荷兰家庭冰箱中有植物性牛奶。此外，由于消费者对健康越来越关注，荷兰消费者在减少糖分、脂肪摄入，更加倾向于糖分较少的产品。奶酪、黄油的高蛋白对平均蛋白质摄入量超过日常需求量1/3的荷兰人来说，也是一种负担。即便近年来有所下降，荷兰的乳制品消费仍以奶酪为主，占乳制品消费的1/3以上。酸奶这种被认为更健康的乳制品近年来的消费也有所增加。

（三）对中国的启示

创新适用于不同地区、不同养殖规模及组织形式的奶业补贴政策 与荷兰目标明确、手段灵活的补贴政策相比，我国的奶业补贴政策起步较晚，且政策实施相对粗放。然而，我国幅员辽阔，南方和北方、东部和西部的奶牛养殖发展水平差异较大，进一步完善我国奶业补贴政策，对促进奶业健康发展具有重要意义。对于内蒙古、山东、河北等生鲜乳主产区的奶业振兴，除应加大基础补贴力度外，还需积极拓展新的补贴方式。例如，可结合智能化奶牛养殖场建设等专项资金给予补贴性贷款等。从全产业链视角，要加快奶牛养殖的标准化、规模化和专业化，提升我国奶业在价格和质量上的国际竞争力，推动产业转型升级，可借助合作组织等社会力量，同时借鉴荷兰“家庭牧场+奶业合作社”这一成功经验，给予重点补贴和培育。

推进奶牛养殖和乳品加工之间的利益联结，增强奶业国际竞争力 在荷兰“家庭牧场+奶业合作社”一体化奶业链运营模式中，牧场负责生鲜乳生产，并且通过组成合作社，持有乳企股份，生鲜乳销售利润占牧场总利润的79.6%，从乳品公司获得的现金分红、债券分红占20.4%。公司盈利的55%以现金或债券形式支付给奶农。而我国生鲜乳销售利润基本上就是奶牛养殖场的全部利润。荷兰以远远低于我国和国际均价的原料奶价格，使乳企在乳制品出口方面具有较强的国际竞争力，较高的出口额增加了乳企利润，进而通过红利的方式增加了奶农的成本利润率。因此，我国应借鉴荷兰奶业的运营方式，通过奶牛养殖持股乳品加工的方式，加强双方的利益联结，以较低的养殖成本降低原料奶价格，增加出口竞争优势和出口额，实现双方的共赢。

提高生产标准和环境保护水平，实现奶业的可持续发展 荷兰高度重视发展人工牧草，人工牧草面积占耕地面积的63%。种草养牛能够很好地同发展生态农业有机地结合起来，真正实现奶业的可持续发展。中国地域辽阔，奶业发展可以针对不同地区的特点进行规划，如在大城市郊区，土地资源紧缺，可考虑发展集约化规模养殖，在农区，可考虑发展种养结合的奶牛养殖模式等。此外，荷兰乳企通过放牧溢价的方式，对不同饲养状态下的生鲜乳差别定价，通过对蛋白质、脂肪和乳糖定价的不同，对不同品质的生鲜乳差别定价。而在我国，不同饲养状态、品质的生鲜乳价格基本没有区别，严重抑制了牧场可持续生产的积极性。对生态的保护只是硬性指标，而不是为了提高牛奶品质而主动作为。因此，我国应借鉴荷兰的定价机制和补贴机制，切实增强牧场的环境意识和可持续发展观念。

三、美国奶业高质量发展做法与借鉴

（一）奶业基本情况

1970年以来，美国奶牛养殖业逐渐向规模化发展，奶牛场数量快速下降，存栏规模快速增加，规模化、设施化带动单产水平持续上升，奶类产量显著增加。1970—2020年，奶牛存栏量从1200万头不断下降到938.8万头，单产从4423公斤/(头·年)持续增长到10785.1公斤/(头·年)，奶类产量从4423.00万吨持续增加，突破亿吨大关，达到10125.09万吨（见图4-12）。1970年至今，美国奶牛养殖可以分为两个阶段。

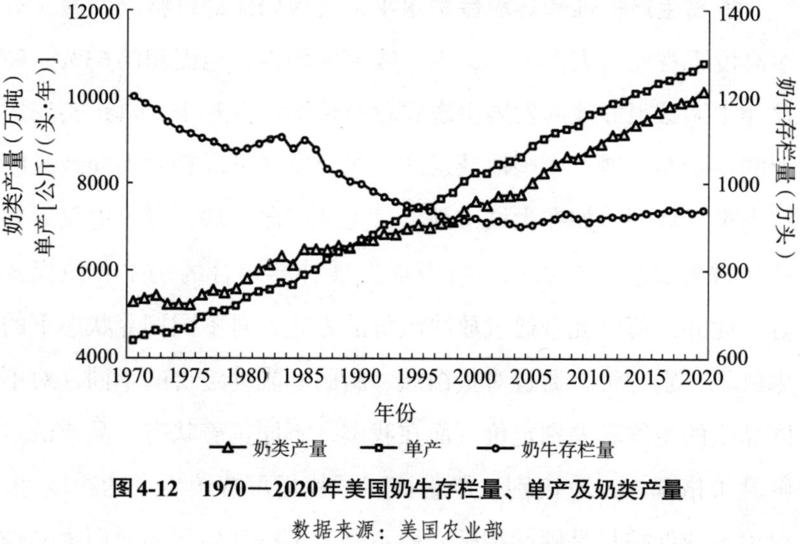

图4-12 1970—2020年美国奶牛存栏量、单产及奶类产量

数据来源：美国农业部

第一阶段（1970—1998年）为快速调整期。这一时期美国奶牛养殖业变化的特点是牛场数量快速减少、存栏量持续下降、单产水平的提升带动奶类产量明显增加。1970年，美国奶牛场数量为64.8万家，到1998年前后仅为8.3万家，减少了近九成。奶牛场数量的大幅减少，推动了奶牛养殖规模化水平的快速提升，1998年前后，场均奶牛存栏量达到110头，是1970年的近6倍，与此同时，这一时期的奶牛单产也大幅提高，1998年单产达到7795.0公斤/(头·年)，比1970年基本翻了一番，年均增长2.0%。得益于单产水平的大幅提升，奶类产量明显增加，1998年奶类产量达到7133.28万吨，比1970年增加34.4%，年均增长1.1%。

第二阶段（1999年至今）为高质量发展期。这一阶段美国奶牛养殖呈现以下特点：一是牛场数量稳步减少、规模化程度显著提高。据美国农业部统计，2017年，美国奶牛场数量为5.46万家，比1998年前后减少了34.2%。美国农业普查数据显示，2017年美国500头以上规模牛场的存栏占比达到66%，比2002年上升25个百分点。二是奶牛存栏稳中有增。尽管这一阶段奶牛场数量仍呈减少趋势，但得益于规模化水平的提升，尤其是500头以上规模牧场比例的增加，美国奶牛存栏稳中有增，2020年存栏量达到938.8万头，比1998年增加2.6%。三是奶牛单产快速增加。1999年以来，奶牛单产连续突破8吨、9吨、10吨大关，2020年平均单产达到10785.1公斤/(头·年)，比1998年增长38.4%，年均增长1.5%。四是奶类产量继续增加。据美国农业部统计，2020年，美国奶类产量突破1亿吨大关，达到10125.09万吨，比1998年增加2991.80万吨，增长41.9%，年均增速1.6%，显著高于第一阶段。

美国乳制品加工行业高度集中。美国农业部统计数据显示，美国共有各类不同规模的乳制品加工企业300余家，广泛分布在美国东北部和西部的奶牛养殖区，其中，威斯康星州、加利福尼亚州、明尼苏达州、爱达荷州和密歇根州5个州乳品企业达到162家，占到全美乳品企业的近一半。美国奶农（Dairy Farmers of America）、加利福尼亚乳业公司（California dairy company）、格兰比亚集团（Colombia group）、安格普（Agropur）等美属乳品企业曾入选全球奶业20强。其中，美国最大的奶农合作社——美国奶农从其13000多家养殖场成员处收奶2920万吨，占到美国近1/3的份额。

美国以干乳制品加工为主，占比逐渐增加。美国乳制品加工主要包括液态奶、奶酪、黄油、脱脂奶粉、乳清粉、乳清蛋白、乳糖等。近20年，美国液态奶加工量逐渐减少，目前年加工量约为2200万吨，约占生鲜乳产量的1/5，干乳制品加工量随着奶酪等消费的增长快速增加，2019年干乳制品产量达到916.59万吨，比2000年增加326.57万吨，折合生鲜乳，加工量占生鲜乳的比例达到近3/4。其中，奶酪加工最多，2019年加工量达到595.80万吨，占到干乳品加工量的65.0%。其次依次是脱脂奶粉、黄油、乳糖、乳清粉、乳清蛋白，2019年加工量分别为107.28万吨、86.41万吨、60.71万吨、44.19万吨、22.20万吨（见图4-13）。

美国人均奶类消费量不断提升。1975年以来，美国人均乳制品消费总体呈现增加态势，2019年，人均年乳制品消费量折合生鲜乳296.06公斤，比1975年的244.55公斤增加51.51公斤，增加21.1%，年均增长0.4%。目前，形成了以奶酪和鲜奶为主的消费结构。2019年，美国奶酪人均年消费量达到18.35公斤，折合鲜奶达到183.46公斤；液态奶人均年消费量为63.96公斤。折合鲜奶，奶酪和鲜奶人均消费量达到总人均消费量的83.6%。

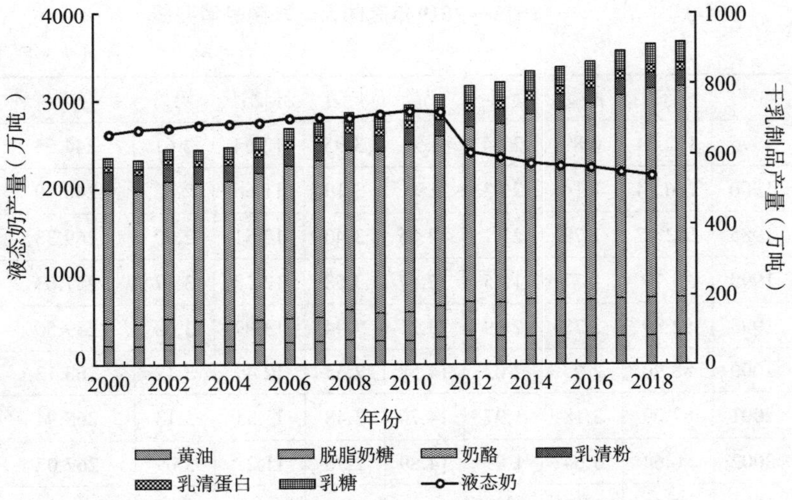

图4-13　2000—2019年美国乳制品产量

数据来源：美国农业部

美国乳制品消费结构逐渐向奶酪转变。受饮食习惯、食物结构的影响，美国乳制品消费与我国有较大的差别，奶酪消费逐渐增加，成为第一大乳制品消费品类。1975年，美国奶酪人均年消费量为8.56公斤，之后逐年增加，1981年突破10公斤，2004年突破15公斤，2019年达到18.35公斤，比1975年增加9.79公斤，增加21.1%，年均增长0.4%。相比于奶酪人均消费的逐渐增加，近年来，欧美国家植物性饮料消费快速发展，对鲜奶形成显著替代，鲜奶消费出现下降，人均年消费量从1975年的112.04公斤下降到2019年的63.96公斤，下降幅度超过42.9%。酸奶、黄油、炼乳、冰激凌、奶粉等消费比例相对较低。

美国乳制品贸易波动增加。1991—2020年，美国乳制品贸易波动增加，贸易格局逐渐由进出口平衡历经净进口国后，逐渐转变为净出口国。20世纪90年代，随着美国奶牛存栏量的持续

表4-3　　1975—2019年美国人均乳制品消费量

[单位：公斤/(人·年)]

年份	液态奶	酸奶	黄油	奶酪	炼乳	冰激凌	奶粉	折合生鲜乳
1975	112.04	0.89	2.14	8.56	3.95	12.64	2.61	244.55
1980	106.14	1.14	2.03	9.95	3.19	11.66	2.82	246.40
1985	102.97	1.79	2.21	12.05	3.40	12.51	2.90	269.33
1990	99.79	1.77	1.95	12.67	3.58	12.78	3.37	257.63
1995	92.99	2.78	2.09	13.31	2.94	13.09	3.68	259.50
2000	88.90	2.95	2.03	14.58	2.65	12.49	3.12	268.12
2001	87.09	3.18	1.97	14.70	2.48	11.35	3.13	265.94
2002	86.64	3.64	1.99	14.89	2.76	11.25	3.09	267.07
2003	85.28	3.92	2.02	14.93	2.70	11.43	3.23	271.02
2004	83.91	4.19	2.04	15.25	2.51	10.82	3.46	269.84
2005	83.91	4.69	2.05	15.41	2.76	10.82	3.38	274.12
2006	83.91	5.02	2.12	1577	2.95	11.02	2.90	277.97
2007	83.01	5.24	2.12	15.98	3.48	10.78	2.50	278.08
2008	82.10	5.32	2.26	15.65	3.38	10.44	2.87	275.51
2009	82.10	5.65	2.25	15.71	3.30	10.38	3.16	275.70
2010	80.29	6.10	2.23	15.89	3.26	10.42	2.54	274.24
2011	78.47	6.19	2.44	16.02	3.25	10.02	2.52	274.17
2012	76.66	6.37	2.50	16.15	3.33	10.27	2.85	279.00
2013	74.39	6.78	2.48	16.12	3.27	9.78	2.55	275.58
2014	71.67	6.74	2.50	16.45	3.11	9.63	2.67	279.48
2015	70.31	6.53	2.54	16.89	3.49	9.93	3.04	285.80
2016	69.40	6.24	2.59	17.51	3.38	9.85	2.69	293.09
2017	67.59	6.24	2.58	17.70	3.12	9.77	2.59	292.47
2018	65.77	6.17	2.74	18.19	3.09	9.56	2.51	293.04
2019	63.96	6.06	2.79	18.35	3.03	9.65	2.79	296.06

数据来源：美国农业部

下降，生鲜乳产量增长放缓，人均消费量和人口的增长带动乳制品消费明显。1996年，美国乳制品由进出口平衡逐渐转变为净进口国，全年进口额达到7.33亿美元，出口额为5.13亿美元，贸易逆差达到2.20亿美元；2003年贸易逆差达到最大的5.19亿美元后逐渐缩小；2006年，进口额达到14.99亿美元，出口额为13.74亿美元，贸易逆差缩小至1.25亿美元。从2007年开始，美国乳制品出口快速发展，全年出口额达到23.04亿美元，进口额为16.14亿美元，贸易顺差达到6.90亿美元，转为净出口国。到2014年，美国乳制品出口额为58.09亿美元，是2006年的3.9倍之多，达到近20年来的最高规模，进口额为19.44亿美元，比2006年增长16.5%，乳制品贸易顺差也达到36.42亿美元。2015年以来，随着全球奶业的不景气，美国乳制品出口规模出现了大幅回落，2016年出口额降至36.33亿美元，比2014年最高时下降37.5%，进口基本保持稳定，维持在20亿美元左右。从2017年开始，美国乳制品出口快速恢复，2020年达到51.38亿美元，比2016年增加41.42%（见图4-14）。

乳制品贸易品类集中。美国是重要的乳制品贸易国家，逐渐形成了以出口为主，进口相对较少的贸易格局。出口方面，以奶粉、乳清、奶酪为主，2020年出口量占总出口量的近90%。其中，奶粉出口最多，全年出口86.83万吨，占总出口量的43.5%，且占比在逐年增加，比2010年和2015年分别增加7.3个百分点和4.1个百分点；其次是乳清，全年出口54.44万吨，占比从2010年的36.2%逐渐收缩到27.2%；奶酪出口量快速增加，是第三大出口乳制品，全年出口35.85万吨，占总出口量的17.9%，比2010年增加4.4个百分点。进口方面，奶酪占乳制品总进口量的半壁

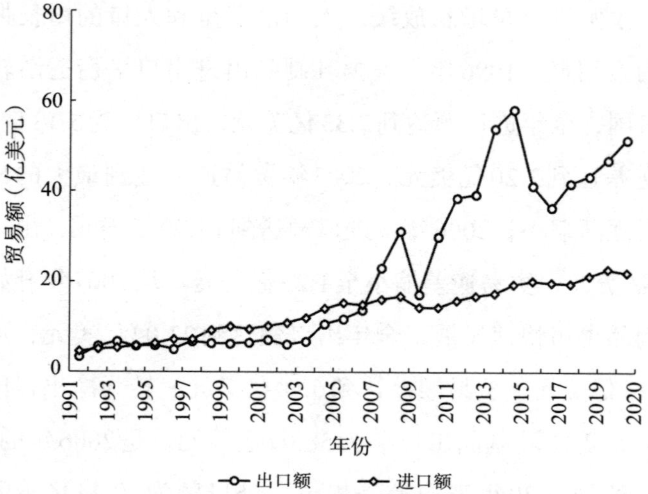

图4-14 1991—2020年美国乳制品贸易额

数据来源：联合国贸易统计数据库

江山，2020年进口11.08万吨，占总进口量的55.7%，其次分别是乳清和奶粉，分别占总进口量的26.3%和14.9%（见表4-4）。

表4-4 美国乳制品贸易结构

（单位：万吨）

项目	2010年		2015年		2020年	
	进口量	出口量	进口量	出口量	进口量	出口量
鲜奶	0.87	7.00	0.23	9.89	2.95	12.89
奶粉及炼乳	3.23	46.70	2.01	61.37	—	86.83
酸奶	0.50	2.01	0.21	2.62	—	3.68
乳清	5.37	46.87	5.63	44.11	5.24	54.44
奶油	2.02	5.75	3.42	2.60	—	2.86
奶酪	13.83	17.50	13.03	31.81	11.08	35.85
婴幼儿配方奶粉	0.26	3.51	0.30	3.44	0.63	3.25
合计	26.09	129.35	24.84	155.85	19.90	199.80

数据来源：联合国贸易统计数据库

（二）高质量发展经验

美国政府重视奶业的发展，自1933年颁布首部《1933年农业调整法》以来，先后实施了一系列严格管制和扶持奶业的政策，逐渐形成了以美国国内支持计划、销售订单体系和边境贸易措施等为主要内容的政策体系，分别对生产、消费和贸易等环节进行扶持，来维持乳品总量平衡和价格基本稳定，有效兼顾了奶农的利益与产业竞争力。

国内支持计划方面，美国对奶业的国内支持政策可追溯到1933年和1935年的农业调整法案，1949年颁布的农业法案授权实施价格支持计划（DPSP），防范生鲜乳价格的大幅波动，确保奶农获得合理价格以稳定生产。法案规定生鲜乳农场最低收购价为平均价的75%～90%，由农业部具体决定，每年调整一次。当生鲜乳市场价格低于最低收购价时，农业部下属的商品信贷公司（CCC）收储市场中的奶油、奶酪、脱脂奶粉等易储存的乳制品，间接保障生鲜乳价格维持在一定价格水平。2002年颁布的《农场安全和农业投资法案》，引入牛奶收入损失补偿计划（MILC）。MILC是一项目标价格补偿政策，不直接干预市场价格，能够有效平抑牛奶生产的周期性波动、降低奶农收入波动。当生鲜乳市场价格低于规定的目标价格时，联邦政府对参加计划的奶农提供差价补贴，保证其基本收益。2007年以来，美国大力发展生物能源，玉米等饲料价格快速上涨，奶牛养殖的饲料成本大幅提高，奶农面临成本与价格的双重压力。2008年，实行牛奶利润保障保险（LGM-D），2014年农业法案新增乳品利润保障计划（MPP）和乳品捐赠计划（DPDP），取代乳品收入损失补偿和价格支持两大支柱计划，其中，MPP与LGM-D类似，当全美牛奶均价与平均饲料成本之差，即利润低于奶农选定保障利润（一般为88～176美元/吨）时赔偿触发。DPDP与MPP高度相关，基于MPP政策下的牛奶利润实施，当牛奶利润连续两个月低于最低保障利润（88美元/吨）时，美国农业部按市场价格购买乳品，捐赠给非营利性营养援助机构，支援低收入群体。

销售订单体系方面，20世纪30年代，为解决大萧条时期生鲜乳低价、奶农与乳企利益分配不合理等问题，1937年颁布的《农产品销售协议法》提出推广销售订单体系（Milk Marketing Orders，MMOs），按照生鲜乳的加工用途，通过定价公式，实现分类定价和收益共享。1995年，销售订单体系引入主成分价格公式（BFP）。在考虑明尼苏达州、威斯康星州B级生鲜乳价格的基础上，引入A级生鲜乳销售价格。1996年颁布的《联邦农业完善和改革法》对销售订单体系进行改革，减少销售订单体系数目，扩大其覆盖区域，在更大区域内实现价格统一和收益共享。此外，改革生鲜乳价格形成机制，形成基于奶酪、乳清粉、奶油和脱脂奶粉等主要乳制品市场价格的多乳成分定价机制（MCP），MCP综合考虑生鲜乳产出率和乳品加工成本两方面因素，按照标准生鲜乳的乳成分指标，完善生鲜乳分类定价。21世纪以来，美国进一步完善生鲜乳定价机制，乳品企业按照液态奶、酸奶、黄油、奶酪以及脱脂奶粉等乳制品的加工需求，向农业统计局上报各个等级的生鲜乳需求量，美国农业部农业市场服务局综合计算并发布各类生鲜乳价格，各区市场监管员计算本区域生鲜乳的价格。

贸易措施方面，1933年颁布的《农业调整法》规定，美国进口乳品数量不得超过国内产量的2.5%，阻止了澳大利亚、新西兰低价乳品以及欧盟高补贴乳品进入美国，使美国奶业市场免受国外冲击；同时，通过直接的价格补贴鼓励出口，以缓解国内乳品过剩局面。1986年，乌拉圭回合谈判提出构建公平竞争的贸易环境，为应对乌拉圭贸易协议，美国开始用关税配额替代绝对进口配额，将进口产品占国内产量的比重提高到5%。21世纪以来，美国取消了乳品出口激励计划，积极推进多边与双边自贸区建设，先后与多个国家签署双边、多边自由贸易协定，这其中包括了跨太平洋伙伴关系协定（TPP）等。

美国奶业形成了多维度、多途径的利益联结机制，政府部门构建了完善的生鲜乳价格体系，产业参与主体通过奶农合作社有效稳定了养殖、加工、销售等多方利益的公平分配。

生鲜乳价格体系方面，美国根据品质将生鲜乳分为Ⅰ类、Ⅱ类、Ⅲ类、Ⅳ类共四个等级，不同等级生鲜乳用途不尽相同。其中，Ⅰ类乳品质最好，主要用于加工饮用液态奶；Ⅱ类乳品质次之，通常被用作酸奶、冰激凌等产品的原料；Ⅲ类乳主要用于生产奶油、奶酪等乳制品；Ⅳ类乳品质最低，主要用作脱脂奶粉的生产。因品质不同，生鲜乳价格也从Ⅰ类到Ⅳ类依次降低，实现了分级定价。在按照品质将生鲜乳分级的基础上，形成完善的生鲜乳价格形成机制。各级生鲜乳价格主要由脱脂奶基础价和乳脂价格两部分组成，不同级别生鲜乳脱脂奶基础价和乳脂价格所考虑的因素不完全相同。其中Ⅰ级生鲜乳价格形成影响因素最多，价格形成也最为复杂，综合考虑了蛋白价格、其他固体物价格、奶酪、乳脂、乳清粉、脱脂奶粉等生鲜乳中各种价格因素物质，并按照一定的系数、级差综合测算得出。Ⅱ类、Ⅲ类、Ⅳ类生鲜乳因其营养物质含量依次减少，测算公式考虑的因素也有所减少。美国农业部定期将不同等级生鲜乳的计算公式以及计算所得的价格信息在网站上公布（见表4-5）。

表4-5　　美国不同等级生鲜乳价格计算公式

等级	计算公式
Ⅰ级	Ⅰ级基准价=0.965×Ⅰ级脱脂牛奶基准价+3.5×高级乳脂价格因子 Ⅰ级脱脂牛奶基准价=[（高级Ⅲ级脱脂牛奶定价因子+高级Ⅳ类脱脂牛奶定价因子）/2]+0.74美元 高级Ⅲ级脱脂牛奶定价因子=3.1×高级蛋白价格+5.9×高级其他固体物价格 高级蛋白价格=1.383×（高级奶酪价格−0.2003）+1.17×[1.572×（高级奶酪价格−0.2003）−0.9×高级乳脂价格因子] 高级其他固体物价格=1.03×（高级乳清粉价格−0.1991） 高级Ⅳ级脱脂牛奶定价因子=9×高级脱脂奶粉价格 高级脱脂固体价格=0.99×（高级脱脂奶粉价格−0.1678） 高级乳脂定价因子=1.211×（高级黄油价格−0.1715） Ⅱ类脱脂牛奶价格=高级Ⅳ类脱脂牛奶价格因子+0.70 Ⅱ类脱脂固体食品价格=Ⅱ类脱脂牛奶价格/9
Ⅱ级	Ⅱ级价格=0.965×Ⅱ类脱脂乳价格+3.5×Ⅱ级乳脂价格 Ⅱ级脱脂牛奶价格=高级Ⅳ级脱脂牛奶价格因子+0.70 Ⅱ级乳脂价格=乳脂价格+0.007 乳脂价格=1.211×（黄油价格−0.1715）
Ⅲ级	Ⅲ级价格=0.965×Ⅲ级脱脂乳价格+3.5×乳脂价格 Ⅲ级脱脂牛奶价格=3.1×蛋白质价格+5.9×其他固体物价格 蛋白质价格=1.383×（奶酪价格−0.2003）+1.17×[1.572×（奶酪价格−0.2003）−0.9×乳脂价格] 其他固体物价格=1.03×（干乳清价格−0.1991）
Ⅳ级	Ⅳ级价格=0.965×Ⅳ级脱脂奶价格+3.5×乳脂价格 Ⅳ级脱脂牛奶价格=9×脱脂固体食品价格 脱脂固体食品价格=0.99×（脱脂奶粉价格−0.1678）

资料来源：USDA

奶农合作社利益联结方面，美国的奶业合作社多由经营奶牛养殖的奶农组成，通过全员参与的运营方式，最大限度地保证了社员奶农的收益权。美国本土最大的奶业合作社是美国奶农（Dairy Farmers of America，DFA），其拥有13000多名奶农会员，DFA将奶农会员分为中部地区、中东部地区、山区、东北部地区、东南部地区、西南地区、西部地区7个区域，每个区域通过民主选举，从奶农中选出5～12名董事，在此基础上产生1～2名董事会主席（副主席），形成包含1名董事会主席、8名副主席在内的49名董事会成员组成的董事会，开展DFA经营决策。一方面，为广大奶农会员提供牧场控风险、降成本、促融资等方面的服务；另一方面，开展诸如收奶、加工乳制品销售等服务，形成稳固、可持续的合作关系，保障双方的利益。

1983年以来，美国通过乳制品研究和推广项目、乳制品捐赠计划等系列消费促进政策计划，推动其国内乳制品消费。乳制品研究和推广项目由美国农业部市场服务局管理，1983年通过《乳制品生产稳定法案》并开始实施。乳制品研究和推广计划要求生鲜乳生产者和进口商缴纳一定费用作为项目基金，用于支持开展乳制品的推广、研究和营养教育工作。乳制品捐赠计划是一项减少食物浪费和向低收入人群提供营养援助的公益性政策。当乳制品利润低到一定阈值时，国家进行收购并捐赠给公共和私立非营利性机构，用于向低收入人口发放营养援助。

随着消费结构的变化，美国鲜奶产品不断减少，奶酪、乳清粉、奶粉等产品不断增加，乳制品产品结构显著变化。近年来，随着北美、欧洲市场素食主义的兴起，植物性蛋白饮料消费显著增长，明显替代了鲜奶，美国鲜奶产品结构不断缩减。2018年，美国鲜奶、酸奶等液态奶的加工量为2162.35万吨，占乳制品加工量的21.9%，比2000年下降了12.7个百分点。而随着人均消费的增加，奶酪产品结构比例逐年扩大，也带动了奶酪的副产物乳清粉产品的增加。此外，美国由净进口国逐渐转变为净出口国，奶粉生产也开始增加，促使美国近年来干乳制品产品结构比例快速增加，2019年，干乳制品加工量达到916.59万吨，折合生鲜乳，占乳制品加工量的74.03%，比2000年增加11.6个百分点。

（三）对中国的启示

建立基于全国层面的生鲜乳价格形成机制 美国奶业形成了稳定、完善的生鲜乳价格形成机制，美国将生鲜乳按照加工用途分为Ⅰ、Ⅱ、Ⅲ、Ⅳ级，考虑在蛋白和乳脂等生鲜乳成分的基础上，将奶酪、乳脂、乳清粉、脱脂奶粉等乳制品的市场价格纳入定价影响因素，综合加权得出各级生鲜乳价格，实现了生鲜乳价格与乳制品价格的联动。同时，各州农业部门会定期公布各级生鲜乳的收购价格，各乳制品加工商在生鲜乳收购价格、乳制品第三方检测等方面基本实现了标准化。这对于我国探索完善生鲜乳价格形成机制具有启发意义。各级奶业主管部门、行业协会在探索生鲜乳价格形成过程中逐步建立形成“以质定价”为核心的分类定价制度，同时，充分考虑巴氏杀菌乳、高温灭菌奶、酸奶、奶粉等乳制品的市场价格，实现生鲜乳价格与乳制品价格的联动。

建立基于期货市场的奶业风险管理机制 美国农业部农业服务局等政府部门联合奶业合作社等生产经营主体，充分运用美国期货市场，建立动态的奶业风险管理机制。玉米、豆粕、苜蓿等饲料成本是奶牛养殖的重要组成部分，饲料价格的波动对奶牛养殖利润具有重要影响。此外，生鲜乳市场价格直接决定奶牛养殖收益，其价格波动是奶业的主要市场风险点。美国政府、合作组织等多部门相互协作，基于美国大豆、玉米以及乳制品的期货市场，充分运用期货的价格发现、套期保值等手段有效规避生鲜乳价格下跌、饲料价格上涨等风险，建立了基于期货市场的奶业风险管理机制。建议国内在生鲜乳价格形成、奶牛养殖政策制定过程中适当探索运用国内期货市场，有效规避生鲜乳价格下跌、饲料价格上涨等风险，保障奶业市场健康稳定发展。

建立以奶农合作社为纽带的奶业组织体系　美国普遍鼓励奶农成立合作社、协会等生产者合作组织，由分散的生产者个体变成生产者联盟，有组织地参与市场竞争和价格谈判，依靠生产组织化、供给规模化和品质标准化，提升生产环节的内在竞争力和话语权，摆脱生产者弱势地位。与此同时，奶农合作组织通过完善的企业经营管理制度，由奶农代表形成理事会、董事会、监事会等机构，对企业经营管理实施决策；同时，依法依规建立健全、科学、合理的利润分红机制，确保奶农分享应得的产业红利。建议我国各级政府出台财政、税收和金融等扶持政策，鼓励奶农合作组织通过参股或自办企业等方式，参与到乳制品的加工销售环节，提升产业一体化水平。

四、新西兰奶业高质量发展做法与借鉴

（一）奶业基本情况

如图4-15所示，牛奶产量受到单产和存栏量的影响逐年升高。1975—2020年，牛奶产量从52万升增长至211万升，存栏量

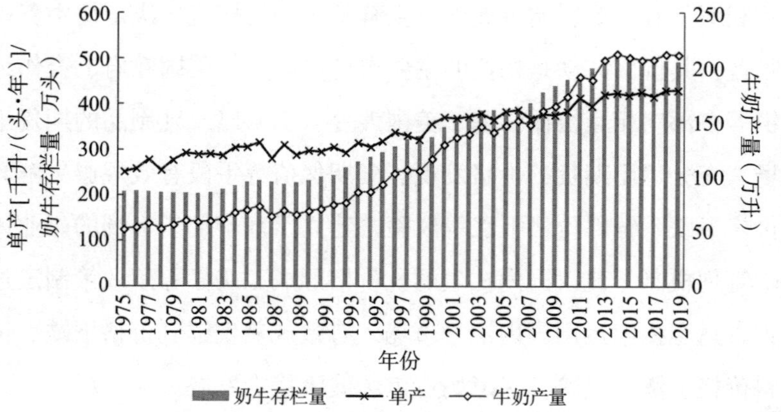

图4-15　1975—2020年新西兰牛奶产量、单产及奶牛存栏量变化情况

数据来源：*New Zealand Dairy Statistics*（*1998—2020*）

从108万头增长至492万头，单产从25.11万升/(头·年)增长至42.96万升/(头·年)。牛奶产量变化可分为三个阶段，第一阶段为缓慢增长阶段(1975—1992年)，牛奶产量从52万升增长至75万升；第二阶段为快速增长阶段(1993—2015年)，牛奶产量从76万升增长至213万升；第三阶段为稳定阶段(2016—2020年)，牛奶产量稳定在210万升左右(见图4-15)。大部分年份，牛奶产量变化更多受到存栏量变化的影响。新西兰属温带海洋性气候，气候温良，四季温差不大，夏季平均气温在20℃左右，冬季平均气温在10℃左右，天然牧场占到国土面积的一半，奶牛养殖以放牧为主，奶牛单产在很大程度上受到气候的影响。一些特殊年份，气候条件极端恶劣，存栏的增长难以弥补单产的大幅下降，牛奶产量也会随之大幅下降。例如，2013年因经历长时间的炎热、干燥天气，牛奶产量也随之下降。而2015年因经历干旱气候的时间较短，存栏增长足以弥补单产的降低，牛奶产量与上一年持平。

存栏量随着养殖规模的不断扩大而增长。1975—2020年，奶牛存栏量从108万头增长至492万头，牧场数量却从1.85万家下降至1.12万家，但平均养殖规模却从113头/家增长至2019年的440头/家（见图4-16）。

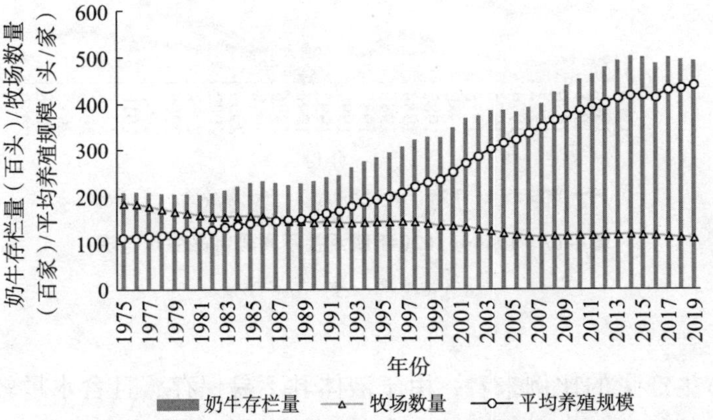

图4-16　1975—2020年新西兰奶牛存栏量、牧场数量及牧场规模变化情况

数据来源：New Zealand Dairy Statistics（1998—2020）

合作社企业是新西兰乳制品加工企业的主要形式，拥有96%的牛奶收集量，主要有Fonterra（恒天然集团）、Westland和Tatua。其中，Fonterra在新西兰的市场占有率在80%以上，是新西兰最大的乳制品加工企业，2020年荷兰合作银行全球奶业20强企业排行榜名列第六。

新西兰乳制品加工企业生产的乳制品，从总量看，液体乳产量最大，其次是全脂乳粉，黄油排名第三，奶酪排名第四。从历年变化情况看，在1989年之前，液体乳增长缓慢，之后快速增长。全脂乳粉在1964—1982年生产量较少，1982—2008年增长缓慢，2008年之后快速增长，2014年达到峰值后趋于平稳。其他三种乳制品虽有增长，但增长速度较为缓慢（见图4-17）。从消费

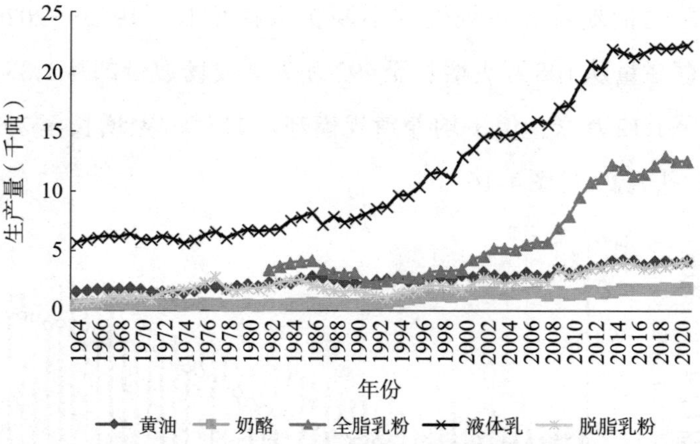

图4-17　1964—2020年新西兰不同乳制品生产情况

数据来源：美国农业部

量占生产量的比例来看，由于液体乳不易保存，且含水量较高，运输不经济，主要在本国消费。1988年之前，液体乳基本在本国消费，1989—1999年有少量出口，之后出口量有所加大，消费量占生产量的比例从99.9%降至98.8%。在1977年之前，黄油消费量占生产量的比例排名第二，之后则是奶酪排名第二。脱脂乳粉和全脂乳粉因主要用于出口，消费量占生产量的比例相对较高（见图4-18）。

从不同品类乳制品的消费情况看，以液体乳为主，黄油消费排名第二，但在个别年份（1985—1988年）全脂乳粉的消费量超过黄油消费量，奶酪的消费量在2011年之后超过黄油排名第二。从历年变化情况看，1964—2020年，新西兰乳制品消费量总体呈持续增长趋势，但在2014年之后有减少的趋势。液体乳消费趋势与总量消费趋势基本一致，黄油消费呈逐年减少趋势，奶酪消费总体呈增长趋势（见图4-19）。

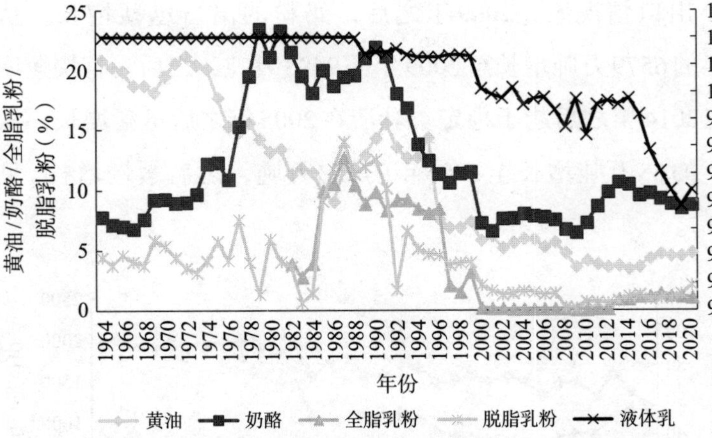

图4-18　1964—2020年不同乳制品消费量占本国生产量的比例

数据来源：美国农业部

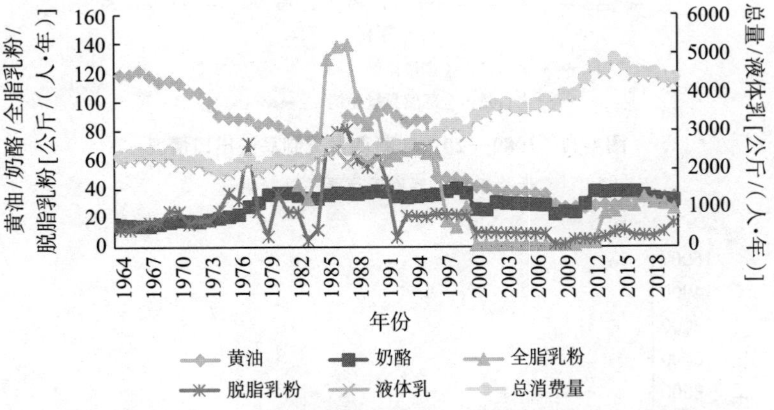

图4-19　1964—2020年新西兰不同乳制品人均消费情况变化

注：人均乳制品消费量=乳制品全年消费量/人口，乳制品全年消费量数据来源于美国农业部，人口数据来源于新西兰国家统计局，消费量均折合为液体乳

新西兰奶业贸易以出口为主，1989—2020年出口量占生产量的比例持续增长，从1989年的56.3%增长至2019年的93.2%，出口量占全球贸易量的比例约为34%（见图4-20）。从出口品类看，以奶粉为主，其次是黄油，奶酪排名第三，乳清排名第四。

从历年出口情况看，2009年之后，奶粉的出口迅猛增长，从2008年的6579万吨增长至2009年的9493万吨，之后一直快速增长，在2014年之后趋于稳定。乳清在2005年之后迅猛增长，从2004年的65万吨增长至2005年的253万吨，之后缓慢增长（见图4-21）。

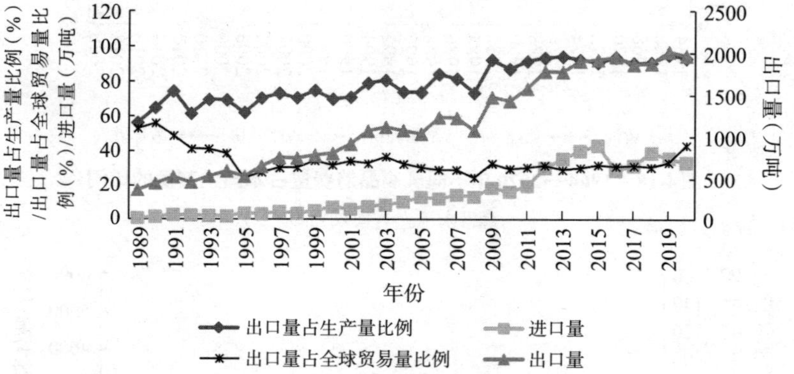

图4-20　1989—2019年新西兰乳制品进出口情况

数据来源：联合国贸易统计数据

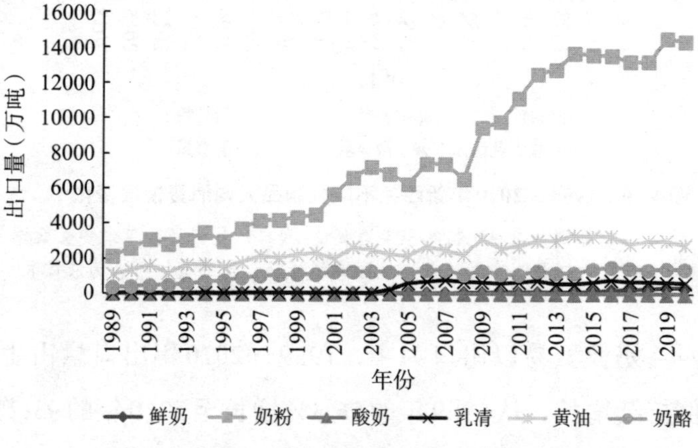

图4-21　1989—2019年新西兰不同乳制品出口情况

数据来源：联合国贸易统计数据

（二）高质量发展经验

新西兰的食品法律法规体系主要由《2014年食品安全法》《1999年动物产品法案》和《农业化合物和兽药法》三大法律及其配套法规组成。配套法规主要有《1974年食品卫生条例》《2000年动物产品（豁免及包含）令》《2002年乳制品行业（国家残留监控计划）条例》《2002年食品（安全）条例》《2005年动物产品（奶类）规例》《2008年动物产品（管制计划——乳制品出口配额产品）规例》《2015年动物产品（乳制品行业费用、收费和征税）条例》《2015年食品（费用和收费）条例》《2015年食品（费用和收费）修正条例》(有效期至2019年2月28日)、《2015年食品法规》《2015年向消费者出售生牛奶条例》。

《2014年食品法》是在《1964年肉类法案》的基础上先后经1981年和2014年修订而来。该法的实施为从事食品贸易提供了法律遵循，确保销售食品的安全性和适宜性，保持对新西兰食品安全制度的信心，提供防范风险的措施，如尽量减少和管理对公众健康的风险、保护和促进公众健康。

《1999年动物产品法案》实施的目的主要有两个方面，一是对与生产加工动物产品相关的风险进行管理，确保产品满足预定目的。二是提供官方保证，协助相关动物产品进入海外市场，并通过必要的控制和管理机制来维护官方保证的有效性。

《农业化合物和兽药法》规定了动植物生产中农业化合物的使用，奶牛养殖中主要针对饲料和兽药的使用。依据该法，在新西兰进口、加工、销售和使用农用化合物均需获得授权。其中，主要有两种授权机制，一种是注册“商号产品”，前提是将风险控制在可接受的范围内，另一种是根据法规对具有低风险的产品豁免注册。通过该法的实施预防或管理与使用农业化合物有关的风险，如公众健康、初级产品贸易、动物福利等，确保使用农用化合物不超过国内食品残留标准，确保能为消费者提供足够的有关农业化合物使用的信息。

2001年，Kiwi合作乳品有限公司、新西兰合作乳品有限公司与新西兰乳品局合并成立恒天然集团。由于重组的恒天然集团当年原料奶收购量占全国总产量的96%以上，在奶业生产中占有绝对优势地位。因此，为了维持奶业市场合理、良性竞争，2001年新西兰政府制定了《乳业行业重组法》和《乳品行业重组（原料奶）管理》，并根据行业发展的需要进行了多次修订。依据这两部法律法规，新西兰政府要求恒天然公司必须允许奶牛场“自由进入和退出”，其乳品加工厂收购原料奶的33%以上在160千米范围之内，组建牛奶价格管理委员会，监督牛奶基础价格的制定、督促发布牛奶价格年报表、建议牛奶基础价格等，在每个产奶季节必须在其网页上发布与原料奶供应和价格有关的相关信息，如牛奶总成本、生鲜乳价格等。同时也从奶牛场的产奶量和运输成本上规定了恒天然公司拒绝收奶牛场生鲜乳的条件。新西兰政府通过这种立法的形式，有效指导和调控国内原料奶生产和管理、原料奶定价和协调奶牛养殖企业和加工企业之间利益联结关系。

新西兰初级产业部从全国筛选出20个在环境改善、牛只健康度、经济效益三个指标表现优秀的牧场进行案例研究，为其他牧场提供学习的典范。环境改善主要研究牧场在草场化肥的施用、耕作方法和牛场粪污处理问题。牛只健康度则是利用不同阶段的体况评分值、淘汰率、乳房炎及跛行发病率、6周妊娠率、生鲜乳的体细胞数构建健康指数，总分为100分（见表4-6）。经济效益主要从牧场各种成本及收益计算其每公斤奶成本。同时对三个指标2012—2015年的变化情况进行分析，找出数据变化的原因，为其他牧场提供改善相应指标所采取的措施。

表4-6　　牛只健康指数构建

指标		分值
体况评分	分娩	10
	配种	10
	低点	10
	干奶	10
淘汰率		10
跛行发病率		10
6周妊娠率		20
乳房炎发生率		5
生鲜乳体细胞数		5
青年牛在产犊前60天体重占成年体重比例		10

数据来源：新西兰初级产业部

（三）对中国的启示

发展干乳制品产业　我国牛奶产量全球排名第六，但奶源自给率从2008年的93.1%下降到2020年的65.5%，可以说我国是奶业大国但不是奶业强国。新西兰牛奶产量全球排名第八，但其出口量占到全球贸易量的34%，而且出口的产品以奶粉、奶酪、黄油等干乳制品为主。我国乳制品消费以液体奶为主，进而导致奶源出现季节性供需不平衡，丰拒歉抢的现象轮番上演，乳品企业和奶农之间均难以获得稳定的收益。应借鉴新西兰奶业发展经验，大力发展干乳制品产业，增加产品附加值，提高乳品企业的收益。同时，可以缓解我国奶源供需的季节性不平衡问题。

进一步完善与乳制品质量安全相关的法律法规体系 2008年“三聚氰胺事件”后，国务院及有关部门先后颁布实施了《乳品质量安全监督管理条例》《奶业整顿和振兴规划纲要》《关于进一步加强婴幼儿配方乳粉质量安全工作的意见》《乳制品工业产业政策（2009年修订）》《推动婴幼儿配方乳粉企业兼并重组工作方案》《婴幼儿配方乳粉产品配方注册管理办法》等20余项法律法规，公布了《生乳（GB 19301–2010）》国家标准等66项乳品质量安全标准，有效保障了乳制品质量安全。但与新西兰的法律法规体系相比，在可操作性方面还需进一步借鉴。

通过立法保障相关利益联结机制构建政策的落地实施 《国务院办公厅关于推进奶业振兴保障乳品质量安全的意见》提出多个密切养殖加工利益联结措施，支持有条件的养殖场（户）建设加工厂，建立由县级及以上地方人民政府引导，乳品企业、奶农和行业协会参与的生鲜乳价格协商机制，开展生鲜乳质量第三方检测试点。但受《乳制品工业产业政策（2009年修订）》规定的新建乳品加工厂距离和产能限制，奶农办加工难以落地。上海、河南、河北等地虽然都在试行生鲜乳价格协商机制，但因为没有相关的法律支撑，公布的生鲜乳收购价格对乳企没有强制约束力，难以在生产中落地。应参照新西兰，没有法律依据的，先制定法律，后出台产业政策；法律不完善的，先修订法律，后调整产业政策。

在国内开展优秀牧场典型案例研究 2015—2018年，奶价持续低迷，叠加环保风暴，国内的中小牧场大量退出，存活下来的都是精华，这些牧场每个都有其独到的养牛之道。可参考新西兰的案例研究方案，从不同地区、不同规模、不同性质的牧场中选择具有代表性的牧场进行案例分析，根据环境改善、牛只健康度、经济效益等指标分析牧场的先进经验，为国内其他牧场改进管理提供借鉴。

参考文献

[1] Cheng L. et al.，“Demand for milk quantity and safety in urban China：Evidence from Beijing and Harbin”，*Australian Journal of Agricultural and Resource Economics*，2015，59（2）.

[2] 陈兵等:《高水平开放对我国奶业的冲击与应对措施》,《中国畜牧杂志》2021年第4期。

[3] 程培堽等:《消费者食品安全态度和消费行为变化——苏州市消费者对三鹿奶粉事件反应的问卷调查》,《华南农业大学学报(社会科学版)》2009年第4期。

[4] 丁凡琳、董晓霞、杨宇泽:《日本奶业定价机制及补贴政策研究》,《黑龙江畜牧兽医》2015年第20期。

[5] 国家奶牛产业技术体系产业经济研究室:《日本奶业规模化养殖及发展趋势》,《中国畜牧杂志》2013年第49期。

[6] 谷美等:《我国生乳国家标准主要指标对比》,《食品科学》2019年第7期。

[7] 顾佳升:《超高温灭菌乳与巴氏杀菌乳营养价值比较》,《中国乳业》2005年第5期。

[8] 郭利亚等:《浅析我国生鲜乳质量安全监管及对策》,《中国畜牧杂志》2012年第12期。

[9] 郭利亚、王加启:《当前我国奶业发展的五个特征》,《中国畜牧杂志》2013年第8期。

[10] 郭利亚:《转型升级期中国奶业发展新形势》,《中国畜牧兽医》2013年第S1期。

[11] 韩磊、刘长全:《中国奶业经济发展趋势、挑战与政策建议》,《中国畜牧杂志》2019年第1期。

[12] 何向育等:《中澳自贸区建立对中国奶业损害的预测预警》,《农业展望》2017年第7期。

[13] 李秉龙等:《消费者乳品购买行为与支付意愿分析——以北京市居民为例》,《中国食物与营养》2008年第7期。

[14] 刘成果:《中国奶业年鉴》,中国农业出版社2013年版。

[15] 李静:《日本奶业合作组织体系剖析》,《中国农民合作社》2014年第5期。

[16] 李胜利等:《如何整顿我国乳制品行业——三鹿奶粉事件的反思》,《中国畜牧杂志》2008年第18期。

[17] 李胜利等:《2009年中国奶业回顾与展望》,《中国畜牧杂志》2010年第2期。

[18] 刘浩等:《中国奶业质量安全政策分析与评价》,《中国乳品工业》2020年第9期。

[19] 刘玉满等:《国际金融危机对我国奶业的影响分析(下)》,《中国畜牧杂志》2009年第14期。

[20] 刘玉满:《后“三聚氰胺”时代呼唤我国奶业要走科学发展之路——基于华北地区某市的调研》,《中国畜牧杂志》2009年第2期。

[21] 聂迎利:《2012年全国规模奶牛场生鲜乳生产与销售状况调

查报告》,《中国乳业》2013年第6期。

[22] 穆怀彬等:《从我国〈生乳(GB 19301–2010)〉标准谈奶业发展》,《中国畜牧杂志》2011年第18期。

[23] 彭华、张超:《世界主要奶业国家奶业发展与中国合作现状》, 中国农业科学技术出版社2020年版。

[24] 钱贵霞等:《中国奶业危机产生的根源及对策分析》,《农业经济问题》2010年第3期。

[25] 钱贵霞等:《国产与进口品牌婴幼儿配方奶粉的消费选择——基于呼和浩特市城区消费者调查数据的分析》,《农业经济与管理》2014年第5期。

[26] 乔光华、裴杰:《世界主要奶业生产国与我国奶业发展对比研究》,《中国乳品工业》2019年第3期。

[27] 全世文等:《食品安全事件后的消费者购买行为恢复——以三聚氰胺事件为例》,《农业技术经济》2011年第7期。

[28] 萨日娜、刘玉满:《日本奶业不同转型时期的政策演变》,《世界农业》2014年第10期。

[29] 商务部国际司:《中华人民共和国政府和新西兰政府自由贸易协定》, http://gjs.mofcom.gov.cn/aarticle/af/ak/200804/20080405464190.html, 2008-04-07。

[30] 宋亮:《中国乳业进入3.0时代 行业面临大洗牌》,《中国乳业》2018年第6期。

[31] 王丁棉:《中国奶业面临机遇与挑战》,《食品工业科技》2013年第5期。

[32] 王惠惠等:《中新、中澳自由贸易区对中国奶业的影响研究》,《世界农业》2016年第8期。

[33] 王加启:《决定我国奶业发展方向的5个重要指标》,《中国畜牧兽医》2011年第2期。

[34] 王莉、曹志军:《世界及中国奶业形势分析及趋势展望》,《中国畜牧杂志》2009年第6期。

[35] 王宁宁:《利乐布局中国》,《乳品与人类》2003年第6期。

[36] 王玉庭等:《中美贸易战对我国奶业的影响》,《中国乳业》2018年第8期。

[37] 王志刚等:《消费者对食品安全的认知程度及其消费信心恢复研究——以"问题奶粉"事件为例》,《消费经济》2013年第4期。

[38] 王志刚等:《消费者安全液态奶支付意愿及其影响因素——基于北京、天津、石家庄市676份调查问卷》,《湖南农业大学学报(社会科学版)》2014年第1期。

[39] 徐雅楠等:《中澳自贸协定对中国进口澳大利亚乳制品的影响分析》,《中国乳品工业》2019年第12期。

[40] 杨怀谷等:《巴氏杀菌乳和超高温灭菌乳营养价值及卫生安全对比研究》,《中国乳业》2016年第7期。

[41] 于海龙、李秉龙:《基于产业链的我国奶业利益分配关系分析》,《云南财经大学学报》2011年第6期。

[42] 张彩萍等:《认证对消费者支付意愿的影响:以可追溯牛奶为例》,《中国农村经济》2014年第8期。

[43] 张靖:《中国乳业脱胎换骨监管水平持续提升》,https://www.nlmy.com.cn/article/tyxvut.html,2017-09-07。

[44] 张利庠:《利益联结机制:中国奶业发展的症结与出路(一)》,《中国乳业》2010年第2期。

[45] 张薇等:《中国奶粉进口贸易的实证研究——三聚氰胺事件的影响》,《世界农业》2011年第11期。

[46] 赵元凤:《消费者安全乳品支付意愿研究》,《中国流通经济》2011年第10期。

[47] 郑义等:《三聚氰胺事件导致了乳制品进口剧增吗——基于合成控制法的经验研究》,《农业技术经济》2015年第2期。

[48] 中国奶业协会:《中国奶业质量报告(2017)》,中国农业科学技术出版社2017年版。

[49] 钟真、孔祥智:《产业组织模式对农产品质量安全的影响:来自奶业的例证》,《管理世界》2012年第1期。

[50] 周应恒、卓佳:《消费者食品安全风险认知研究——基于三聚氰胺事件下南京消费者的调查》,《农业技术经济》2010年第2期。